ben ney'im

HAKAN MENGÜÇ

İyi beni bulur

"Ney'in hikâyesiyle
varoluşun gizemi...
Ruhun, ilişkilerin,
zihnin ve bedenin
denge yolculuğu..."

DESTEK yayınları

İÇİNDEKİLER

YAZAR HAKKINDA

Bursa doğumlu olan Hakan Mengüç, Uludağ Üniversitesi'nde öğrenim gördü. Küçük yaşlarda müziğe ilgi duymaya başladı ve 15 yaşında hem ney hem de piyano öğrendi. 2 sene konservatuvara devam etti ve daha sonra ayrıldı.

Ney ile başlayan yolculuğu onu tasavvuf ve sufi felsefesiyle tanıştırdı. Ardından Osmanlıca öğrendi ve yıllar sonra Şems-i Tebrizi'nin diyarında sufizm üzerine bir eğitim sürecinden geçti, sufilerden şifa eğitimi aldı ve *Mesnevi*'nin anadili olan Farsçayı öğrendi.

20'li yaşlarında üniversitelerde seminerler vermeye başladı. Bu seminerlerin konuları; kendini tanıma, bilinçaltı, topluluk önünde konuşma ve içsel motivasyondu.

Yazdığı, alıntıladığı, bazen de günümüze uyarladığı sözler ve hikâyelerle sosyal medya üzerinde milyonlarca kişiye ulaştı.

2014 yılında hayvanlara ve psikolojiye yoğun ilgisi onu Güney Afrika'ya götürdü. Güney Afrika'da aslan ve Bengal kaplanlarıyla yaşadı. Onların bakımı ve rehabilitasyonu üzerine eğitim aldı.

2015 yılında 125 ülkede yayınlanan TEDx konuşmasına davet edildi ve sufi felsefesi üzerine konuştu.

İŞKUR, Milli Eğitim Bakanlığı, Sermaye Piyasası Kurumu, Ticaret ve Sanayi odalarında eğitimler verdi.

2016 yılında Mersin Üniversitesi Rektörü Prof. Dr. Ahmet Çamsarı'nın daveti üzerine, Mersin Üniversitesi'nin "2016-2017 Akademik Yılı Açılış Dersi"ni verdi.

Kendisini müzisyen, yazar ve aynı zamanda bilgi ve deneyimlerini paylaşan bir danışman olarak tanımlamaktadır.

Hayat Felsefesi

Hayat felsefesi umutlu olmak ve umudu paylaşmak üzerine kuruludur. Umutlu olmak, saf bir iyimser olmak veya insanlığın yüzleştiği trajediyi göz ardı etmek demek değildir. Umut her ihtimali görüp, evinde oturup kötülüğe küfretmektense, iyilik için elinden geleni yapmak demektir. Ve tek bir kişi bile umudun yaşaması için yeterlidir. Ve bu kişi siz olabilirsiniz. Daha sonra başka bir "sen" ve başka bir "sen" olacak ve sonunda "biz"e dönüşecektir.

O yüzden karanlığa küfredeceğine bir mum yak felsefesini benimsemiştir. Ve hocalarının ona telkin ettiği gibi, o mumu başkalarıyla da paylaşarak, onların da mumunun yanmasına vesile olmayı arzulamaktadır.

Mevlana'nın da dediği gibi, "Bir mum, başka bir mumu tutuşturarak ışığından hiçbir şey kaybetmez." Aksine karanlıkların aydınlanmasına vesile olur.

"Aşk kime benzer?" diye sordu.

"Aşk bir neyzene benzer" dedim.

"Aşk bir neyzene benzerse biz neyiz?" diye sordu.

"Evet" dedim. "Çok doğru!... Aşk bir neyzene benzerse, biz Ney'iz!"

I. BÖLÜM

SENİN İÇİN GELDİM

"Derdin kendindendir bilmiyorsun
derman yine sendedir görmüyorsun
koskoca âlem içinde yerleştirilmiş
sen kendini hâlâ küçük bir şey mi zannediyorsun?..."

– Hazreti Ali

Vakti zamanında Avrupa'nın ünlü müzelerinden birinde dünyanın en pahalı elması sergileniyormuş. Gözünü elmasa diken bir hırsız da aylardır bu taşı çalmanın yollarını arayıp durmuş. Soygunun her aşamasını iyice düşünmüş. İncelikli bir plan yapmış.

Sonunda soyguna çıkmaya karar vermiş ve gece olmasını beklemiş. Uygun saatte müzeye girmiş ve tam da planladığı gibi kolayca elmasa ulaşıp çalmayı başarmış.

Bütün kapıları teker teker geçtikten sonra hiç hesaplamadığı bir güvenlik görevlisi ile karşılaşmış. Adam kulakları sağır edercesine düdüğünü çalıp, diğer güvenlik görevlilerini uyarmış. Bir panik havasıdır esmiş...

Çok geçmeden güvenlik görevlileri koşup gelmişler. Hırsız durup bekler mi? Koşarak olay yerinden kaçmış. Elinde elmasla karanlık bir sokağa dalmış, bir de bakmış ki yerde evsiz bir dilenci yatmış, uyuyor.

Hırsız, elindeki elması dilencinin cebine atıp koşmaya devam etmiş. Köşeyi döndüğünde bir polisle yüz yüze gelmiş. Hırsız derhal silahına davranmış ama polis ondan daha hızlı çıkmış ve adamı vurmuş. Hırsız oracıkta ölmüş.

Sabah olunca dilenci uyanmış tabii. Eski paltosunda dünyanın en pahalı elmasının durduğundan habersiz... Cebine bakmak aklına bile gelmemiş. Günler günleri, haftalar haftaları kovalamış ama dilenci cebinde bir hazine taşıdığını bilmeden avuç açıp dilenmeye ve sokaklarda titreyerek uyumaya devam etmiş. Yıllardır üzerinden çıkarmadığı paltosunun ceplerini her zamanki gibi bomboş zannediyormuş.

Aradan uzun zaman geçmiş... Sonunda bir gün dilenci de cebinde elmas taşıdığından habersiz ölüp gitmiş. Üzerindeki kıyafetler de kimsesizler mezarlığına atılmış. Hayatı boyunca dünyanın en pahalı elmaslarından biriyle yaşadığı halde ceplerine bakmayı hiç akıl edememiş.

Unuttuğun Elması Hatırlatmak İçin Geldim

Hepimizin cebinde belki bir, belki iki, belki de daha fazla sayıda elmas var. O potansiyele sahibiz. Yapabilme ve olabilme becerisini taşıyoruz içimizde. Belki görmezden geliyor, belki de ceplerimizi karıştırmayı akıl edemiyoruz.

Ben sana elmas dolu ceplerini hatırlatmak için geldim.

Unuttuğun ya da hiç tanışmadığın parçanı, seninle tanıştırmak için varım.

Sana dengeyi anlatmaya geldim.

Çünkü bu benim hocalarıma verdiğim sözüm...

Sana hocalarımdan öğrendiklerimi ve kendi deneyimlerimi anlatmama izin ver.

Kavuştuğumuza Memnun Oldum

"İlim ilim bilmektir
İlim kendini bilmektir.
Sen kendini bilmezsen
Bu nice okumaktır."

– Yunus Emre

Bir gün seninle yolumun kesişeceğini biliyordum. Zira ikimiz de aynı kadim yolun yolcusuyuz. Aynı sonsuz arayışın içindeyiz. İkimiz de sorguluyoruz.

Neden sen ve ben aynı anda buradayız?

Yollarımız neden milyonlarca yıllık dünya hayatının bu diliminde kesişti?

Neden ikimiz de bu âleme gönderildik?

Hayat bizi hayvanların ve diğer canlı mahlukatın hiçbir zaman deneyimleyemeyeceği bir hisle sınadı ya da sınıyor...

Arayış. Kendini bulma arayışı.

Evet, insan türünden başka hiçbir canlının hayatında olmayan içsel bir sınav bu...

Kendini bulma arayışı.

Bazen sabahları uyanmak için bile bir bahane bulamadın kendine.

Her gün uyanıp sürekli aynı şeyleri yapıyor olmaktan dolayı kızgınsın.

Çünkü hayatı tekrarlayıp durmak çok anlamsız...

Bir zamanlar sana keyif ve hoşnutluk veren şeylerin bile çok zaman ne tadı var ne tuzu.

Olsa da olur diyorsun olmasa da...

Çünkü bunlar da anlamsız...

Kendini tükenmiş hissediyorsun. Bazen çekip gitmek geliyor içinden. Bazen yepyeni bir sayfa açmak, her şeye sil baştan başlamak.

İnsanlar seni yoruyor. Stratejiler yapmaktan, başkalarına karşı güçlü görünmekten sıkıldın artık. Neden olduğum gibi olamıyorum diyorsun kendine ya da neden olmak istediğim gibi olamıyorum?

Ben sana bu arayış yolculuğunda yardım etmek için buradayım. Çünkü bana yardım edenler de bir gün başkalarına yardım etmem koşuluyla eğittiler beni. Başkasına bir hayrı olmayacaksa, bilginin ne anlamı var ama değil mi?

Bir gün seninle aynı yolun üzerinde karşılaşacağımı ve birlikte bu kitabın satırlarına bakarak soluklanacağımı biliyordum.

Seni bekliyordum, yol arkadaşım...
Hoş geldin!
Kavuştuğumuza memnun oldum...

Elimdeki Taşa Kaç Para Verirsiniz?

Sana kısaca hikâyemden bahsetmek isterim. Bu kitabı aldıysan ve sen de hiçbir şeyin tesadüf olmadığına inanıyorsan, seninle mutlaka ortak sorunlar yaşamışızdır. İnanıyorum ki benim hikâyemde de kendinden parçalar bulacaksın.

Hiçbir şey tesadüf değil bu hayatta... Elindeki kitapla buluşmanın da bir tesadüf olmadığını, okudukça anlayacaksın.

Ben 13-14 yaşlarımdayken özgüvensiz, içine kapanık, suskun bir çocuktum. Kimseye hayır diyemezdim. Okuldaki derslerde cevabını bildiğim sorular için bile kaldıramazdım elimi. Çekinirdim, utanırdım. Başkalarının benimle ilgili düşüncelerinden çok etkilenirdim. Eleştirildiğimde günlerce kafama takar, kendi içimde savaşır, hayata küserdim. Yeteneksiz ve hiçbir işe yaramayan bir çocuk olarak görürdüm kendimi.

Yine de bir potansiyelim olduğuna inanırdım. İçimde açığa çıkmayı bekleyen gücün henüz farkında bile olmasam da çocuk kalbimle varlığını hissettiğim anlar olurdu.

Herkes bir yetenekle doğar, lakin başkalarından onay bekler potansiyelinin açığa çıkması için. Oysa *ihtiyacın olan tek şey rehberliktir, onay değil.* Başkalarının sendeki değeri bilmesini beklemek ve onların sendeki yetenekleri canlandırmasını ummak, bu sınav yolculuğunda içine düşeceğin en büyük hatadır.

İnsan çoğu zaman bunların farkında olmaz ve kendi değeriyle tanışabilmek için bazen bir ustanın rehberliğine ihtiyaç duyar.

Söylemek istediğim şeyi anlamanı kolaylaştıracağını umduğum bir hikâye anlatmak isterim sana.

Vaktiyle bir hoca, yıllarca yanında yetiştirdiği öğrencisini sınava çekmek ister. Öğrencinin eline altın renkli parlak bir taş verir. "Oğlum..." der. "Bunu al, sağda solda esnafa göster, kaç para vereceklerini sor, sonra da bir kuyumcuya götür. Taşı kimseye satma. Sadece kimin ne fiyat biçtiğini öğren gel, kâfi."

Öğrenci aldığı ödevi yerine getirmek için çarşıda dolaşmaya başlar. Önce bir bakkal dükkânına girer ve "Bu taşa ne fiyat biçersin efendi?" diye sorar. Bakkal parlaklığından pek etkilendiği bu taşı eline alır ve dikkatle evirip çevirir. Sonra da "Buna bir lira veririm" der. "Benim oğlanın çok hoşuna gider."

Öğrenci, bakkaldan sonra bu kez terziye yönelir. Terzi de parlak bir boncuğa benzettiği taşı eline alıp "Güzel bir şeye benziyor bu" der. "Ben bunu hanımlara yaptığım bir elbisenin üzerinde kullanabilirim. Sana yirmi lira vereyim."

Öğrenci çok şaşırır. Bakkalın bir lira fiyat biçtiği taşa, terzi tam yirmi katını ödemeyi teklif ediyordur. Öğrenci terziye teşekkür ederek çıkar. Doğruca bir kuyumcuya gider. Kuyumcu öğrencinin elindekini görünce yerinden fırlar.

"Bu kadar değerli bir mücevheri nereden buldun sen?" diye sorar hayretle. "Buna kaç lira istiyorsun söyle?"

Öğrenci ne diyeceğini bilemediğinden "Siz ne fiyat biçersiniz?" diye sorar. Kuyumcu derhal atılır. "Ben buna yüz bin lira veririm" der. "Hatta sen bunun için ne istiyorsan onu da veririm."

Öğrenci "Satamam" deyince kuyumcu ısrar eder. "Bu taşı bana sat. Dükkânımı, evimi, hatta arsamı bile vereyim."

Öğrenci bu taşın bir emanet olduğunu, maalesef satmaya yetkisinin olmadığını açıklar.

Taşı alıp kuyumcudan ayrılan öğrencinin kafası iyice karışmıştır. Hemen hocasının yanına döner. Yaşadıklarını olduğu gibi anlatır.

Bunun üzerine hoca sorar:

"Anlat bakalım, tüm bunlardan ne çıkardın?"

"Çok şaşkınım efendim" der öğrenci. "Ne diyeceğimi bilemiyorum. Kafam karmakarışık."

"Bak oğlum..." der hoca. "Bir şeyin değerini ancak işin ehli anlar. Her şey değer bilenin yanında hakkının karşılığını alır. Bu yüzden hayatın boyunca hiçbir zaman başkalarının senin hakkında karar vermesine izin verme. Biri sana değersiz dedi diye, kendini değersiz hissetme. Çünkü değerli taştan ancak kuyumcular anlar."

Kuyumcuyla Tanışmam

15 yaşıma geldiğimde bir kuyumcuyla tanıştım, yani bir ustayla. Beni himayesine alarak yönlendirdi, sufilik yolunu açtı. Kalbimin uyanış süreci de böylece başlamış oldu.

O kuyumcuyla, yani ustamla tanışma hikâyem öyle birdenbire olup bitmedi. Her şeyin bir süreci, doğru zamanı, hatta evveliyatı vardır.

Küçükken kendimi kötü hissettiğim zamanlarda evliyaların radyo kasetlerini dinlerdim. Eskiden radyo kasetleri vardı, denk geldin mi bilmem? Ben o kasetleri dinlerken anlatılanları gözümde canlandırır, hayalimde izlerdim.

Çocukluğum Bursa'da geçtiği için Aziz Mahmud Hüdayi, Emir Sultan, Üftade Hazretleri'nin türbelerine yakındım. Radyo kasetlerinde velilerin hikâyelerini dinledikten sonra, soluğu türbelerde alırdım.

Keşke yaşasalardı, keşke onları görebilseydim de bana da rehberlik etselerdi diye geçirirdim içimden. Bir zaman sonra bu veliler gibi değerli bir ustam olsun diye dua ettim.

Fakat bu nasıl mümkün olabilirdi bilmiyordum. Çok istediğim halde o usta bir türlü karşıma çıkmıyordu. İçim içimi yiyordu. Bu sonsuz ilim deryasında rotasını bilmeyen küçücük bir sandal gibi hissediyordum kendimi. Ta ki Mevlana'nın şu sözüyle karşılaşıncaya kadar:

"Aramakla bulunmaz.
Lakin bulanlarsa hep arayanlardır."

İşte o zaman anladım ki, istemeye ve aramaya devam etmeliydim. Aramaktan vazgeçmemeliydim. Elbet bir gün karşıma çıkacaktı. Doğru zamanı Yaradan zaten bilir.

Bir gün ney taksimi dinlemek ve sema töreni izlemek için bir arkadaşımla birlikte dergâha gittim. Yaşlı bir neyzen vardı dergâhta. Öyle etkilenmiştim ki ondan, ney üflemeye başlamam da sayesinde oldu.

Neyin sesi zaten ayrı güzeldi. Kalbimin içinde dolanıp tınlıyordu. Fakat neyzen sadece neye üflemiyor, onunla birlikte yok olup gidiyordu. Bedenini burada bırakıp bilinmez bir âleme gidiyor gibiydi. Onu izlemek tarifsiz bir histi benim için. İçsel bir şölendi adeta.

Ney taksimi bitince herkes neyzenin yanına gitti ve hürmetle elini öpmek istedi. Tek hünerinin ney üflemek olmadığını düşündüm o an. Aslında çok değerli bir üstattı o.

Arkadaşımla ben durup sabırla bekledik kalabalığın dağılmasını. Etrafı sakinleşen neyzen bizi fark edince, gelebilirsin der gibi gözleriyle çağırdı bizi. Sıcak bakışları, manalı yüzü ve tatlı tebessümüyle bile beni mest ediyor, kendine bağlıyordu adeta. Hani *temiz yüzlü insan* derler ya, işte öylesine duru, açık ve şeffaftı.

İlk sözüm "Ben de sizin gibi ney üfleyebilmek istiyorum" oldu.

Anlıyorum der gibi başını salladı. Sonra "Ney sabır işidir evlat" dedi. "Bu yaşta bu kadar sabredebilir misin?"

Aslında bana bu soruyu sorarken bile, başaracağımı bildiğini çok sonra öğrendim ben. Bugün ben de öğrencilerimi yetiştirirken, onların gözlerindeki ışıktan azimlerini, ne kadar emek harcayabileceklerini, ne kadar sabredebileceklerini kolayca görebiliyorum.

Ney üflemeye ne kadar istekli olduğumu hal ve hareketlerimle gösterebilmeyi başarmışım ki, usta ertesi gün beni yanına çağırdı. "Şu saatte söyleyeceğim yere gel" dedi.

Çok ama çok sevinmiştim. Hem ney üflemeyi öğrenecektim hem de radyo tiyatroları dinlerken hayal ettiğim gibi bir ustayla karşılaşmıştım sonunda.

Ertesi gün büyük bir heyecanla ustanın söylediği yere gittim. Bursa'nın Şehreküstü mevkiinde ahşap bir evdi burası.

Kapıyı çalarken kalbim küt küt atıyordu. Güler yüzlü güzel bir kız karşıladı beni. 19-20 yaşlarında var gibiydi. Ona abla mı demem gerektiğini düşündüm bir an. Henüz çok küçüktüm. Sakin ve zarif bir kızdı. Dingin bir ifadesi, huzurlu bir havası vardı. Ona kendimi tanıttım hemen. Başını hafifçe eğerek, beni içeriye davet etti. Küçük bir salona girdim. Köşede içli bir soba yanıyordu. Üzerinde de bakırdan bir çaydanlık... Sadece ellerimi değil, yüreğimi de ısıtıyordu. İçerisinin mütevazılığı ve bana verdiği manevi his sayesinde yabancılık çekmediğimi fark ettim.

Sobaya yakın bir minderin üzerine çöküp beklemeye başladım. Bir süre sonra usta geldi. Saygıyla ayağa kalktım hemen. "Otur oğlum otur" dedi. Kendi de karşımdaki mindere oturup baktı bana. "Öncelikle şu konuda anlaşalım seninle" dedi. "Ben sana teknik anlamda ney dersi veremem. Ama sabrı öğretebilirim, azmi öğretebilirim ve içindeki potansiyeli çıkarmana rehber olurum. Sana daha hisli ney üflemen konusunda da tavsiyelerde bulunurum. Ama bundan sonrası senin işin olur, karışmam. Kendimi bir müzisyen gibi görmüyorum. Ben bir neyzenim. Neyin içindeki sırları üflemeye çalışıyorum sadece. Ne diyor büyük üstat Mevlana:

Sırrım uzak değil, yakın bir yerde,
ama onu görecek göz, duyacak kulak nerede?

Ben işte bu sırları üflüyorum evlat. Hem başkalarına, hem kendi kalbime... Herkes kalbinin açıklığı nispetinde duyar sırları.

Duymak da yetmez elbet. Duymak bir anlık cezbe halidir. Sırları duyduktan sonra alıp hayatına da uygulayacaksın. Peşinden gideceksin.

Şems Mevlana'ya sırları üflemeye başladığında Mevlana devamını da işitebilmek için bütün hayatından, malından, mülkünden bile vazgeçti. *Her seçim bir vazgeçiştir. İstediğin şey için nelerden vazgeçebilirsin?*"

Ustanın her söylediğini tam olarak anlamıyordum ama çok etkileniyordum. Belli ki o dönem aklım ustamın sözlerini kavrayabilecek bilgiye sahip değildi ama ruhum söyledikleriyle ilham almış.

Tıpkı ney dinlemek gibi... Ney de sırları anlatır. Sesini işitirsin lakin ne dediğini tam anlamıyla kelimelere dökemezsin. Yine de ruhun bu sesle beslenir, sırlar ruhuna iyi gelir çünkü orada çözülür.

Ustam, sabırlı bir adamdı. Yetişkin biriymişim gibi beni karşısına almış, içtenlikle konuşmaya devam ediyordu.

"Ney neden sırları anlatır bilir misin?" diye sordu. "Mevleviler neye *sır taşıyıcısı* der evlat. Bu sözün nereden geldiğini tahmin edebilir misin?"

Bakışlarımdan hiçbir şey bilmediğimi anlamış olacak ki, devam etti konuşmaya:

"Hazreti Muhammed, kendi tekâmülünün üst noktası olan miraç hadisesinden sonra birçok sırra nail olur. Bir gün bu sırlar üzerine tefekkür ederken, Hazreti Ali girer içeriye. 'Efendim sizi çok düşünceli görüyorum, acaba bir sorununuz mu var?' diye sorar. Hazreti Muhammed 'Yoktur ya Ali. Bana verilen sırları düşünüyorum.' der. Hazreti Ali bu açıklamadan çok etkilenmiştir. 'Küçücük bir kısmına bile olsa bu sırlara benim de vâkıf olmam mümkün müdür?' diye sorar.

'Kaldıramazsın ya Ali' der Hazreti Peygamber. Fakat Hazreti Ali'nin gözlerindeki isteği görünce, yanına oturmasını işaret eder ve başlar anlatmaya.

Hazreti Ali, işittiği şeylerden sonra içinde yoğun bir aşkınlık dalgalanır. Yerinde duramaz gibi olur. Dışarı çıkmak için Hazreti Peygamber'den müsaade ister. Öylesine yüklenmiştir ki yüreği, haykırmak gelir içinden. Mekke sokaklarında dolaşıp herkese duyurmak ister bu sırları. Ancak o zaman rahatlayabilecektir içi. Lakin bunu yapamaz. Adı üzerinde, yüküne talip olduğu şey sırdır. Herkese açık değildir. Sorumlulukları vardır.

Peki içindeki bu taşkın seli ne yapacaktır şimdi? Nereye akıtabilecektir yükünü?

Derken aklına bir fikir gelir, Mekke'nin dışına çıkar ve kör bir kuyu bulur. Kuyuya bağıra bağıra anlatır içindekileri. Sonunda sakinleşip rahatlar.

Hazreti Ali içindekileri olduğu gibi dökmüştür kör kuyuya. Ne var ki yük bu kez kör kuyuya da tesir etmiştir. Kör kuyu, aldığı sırlarla gürüldemeye başlar. İçi kaynıyor gibidir. Sonra aşka gelerek suyla dolmaya başlar. Sular yükselir, yükselir ve taşar. Öyle bir taşar ki etraftaki kamışlıklar bile bolca beslenir. Böylece kuyunun taşıdığı sırlar, kamışlığa sirayet eder. Kuyu rahatlamıştır ama sırların yükü artık kamışların içindedir.

Bir gün bir bahar günü koyunlarıyla kuyunun yanından geçen bir çoban, kamışların gövdesine rüzgâr değdikçe ne kadar içli ve hoş nağmeler çıkardığını fark eder. Hemen bir kamış alır eline. Onu kurutup bekletir. Gövdesinde delikler açar ve üflemeye başlar.

Bir gün Hazreti Muhammed, Hazreti Ali'yle kırlarda gezerken çobanın üflediği kamışın sesini işitir. Hazreti Muhammed bir an durup Hazreti Ali'ye bakar ve 'Sen benim sırlarımı başkasına mı anlattın Ali?' der. Hazreti Ali durumu anlatır. Kör bir kuyuya gidip içini boşalttığını söyler. Sonrasında neler olduğunu anlayan Hazreti Muhammed, çobanın neye üflediği yöne doğru bakar ve 'Bu kamış parçası kıyamete kadar benim sırlarımı anlatacak ama yalnız kalbi açık olanlar bu sırları anlayabilecek' der. İşte bu yüzden evlat, sufiler neye, sır taşıyıcısı derler."

Ustamın anlattığı bu hikâyeden çok etkilenmiştim. Ney sesinin insanda nasıl bu kadar güçlü bir tesir bırakabildiğini anlamaya başlamıştım.

Bana kapıyı açan güler yüzlü kız, elinde çay bardaklarıyla salona girmişti bu sırada. Sobanın üzerinde kaynayan çaydanlığı alıp, ustama demli bir çay doldurdu. Bana ikram etti.

Ustam neyini eline alarak üflemeye başladığında az önce anlattığı hikâyeyi hatırladım hemen. Neyin bu içli sesi, artık büyük bir anlam ifade ediyordu benim için. Şimdilik anlayamasam da Hazreti Muhammed'in sırlarını söylüyordu duyana... Artık ben de âşık olmuştum neye...

Mevlana'nın sözü kalbimi dolaşmaya devam ediyordu bu sırada:

"Sırrım uzak değil, yakın bir yerde ama onu görecek göz, duyacak kulak nerede?"

Ustam, neyini dizlerine indirdiğinde şefkatli bir tebessümle baktı yüzüme. "Evlat..." dedi. "Her insanın içinde Yaradan'ın esmaları, özellikleri, sırları vardır. Herkeste bir tanesi daha baskındır. Önemli olan senin o esmayı bulup uyandırman ve ruhunu dengeye sokman. İşte o zaman bu dünyaya gelme amacını da keşfedeceksin."

Çok heyecanlanmıştım. *Kim hayata geliş amacını öğrenmek istemezdi ki?*

"Peki bunu nasıl öğrenebilirim?" diye sordum.

"Dur bakalım, acele etme" dedi. "Daha çok gençsin, cevherlerini keşfetmen ve kendini bulman zaman alacaktır. Hem dünya âleminde tek hocan ben olmayacağım, bir sürü rehberin olacak. Elbette yolculuğun süresi herkese göre değişir. Kimi kısa zamanda kavuşur içindeki esmalara ve ruhani dengeye, kimi biraz daha yol yürür..."

Şems-i Tebrizi'ye atfedilen bir söz söyledi:

"Zorluklardan, acılardan kaçma. Her ebe acı çekilmeden doğum olmayacağını bilir. Senin içinden de yepyeni bir sen ortaya çıkabilmesi için, acılara, zorluklara, karşına çıkabilecek engellere hazır olman gerekir."

Sonra bana bakıp "Hazır mısın evlat?" dedi.

"Hazırım" dedim kararlı bir tavırla.

Çok çalışır, her şeyi çabuk öğrenirim diye düşünüyordum ama öyle olmadı. Bilginin de kalpte bir yolculuğu var. Aldıklarımı idrak etmem, içselleştirmem ve hayatıma yerleştirmem yıllarımı aldı.

"Bitti mi?" diye sorarsan, "Bitmedi..." derim yol arkadaşım. Hâlâ öğrenmeye, büyümeye, kendimi geliştirmeye devam ediyorum. Bu yol öyle bir yol ki, bitti dediğinde yeniden başlıyor.

Ustamın şu sözünü hayatımın hiçbir döneminde unutmadım. Attığım her adımı, ustamın bu sözüyle bana verdiği rehberliğine borçluyum:

"Ben oldum demek, ben öldüm demektir."

Artık her hafta ustamın yanına gidiyordum. Her defasında bana yeni hikâyeler anlatıyor, yeni bilgiler veriyordu. Onunla hem ruhumu besliyordum hem de yeni şeyler öğreniyordum. Ayrıca Bursa'da bir ney kursuna da başlamıştım. Neyin teknik boyutunu kursta öğreniyordum, ruhani boyutunuysa ustamla tamamlıyordum.

Ben neyi üflerken, o zaman zaman beni keser, müdahale ederdi. Daha hisli, daha içten, daha kalpten üfleyebilmem için yönlendirmeler yapardı.

"Gözlerini kapat" derdi sürekli. "Gözlerini kapat evladım. Kapat ki, dünya âleminin şamatası aklını da ruhunu da karıştırmasın. Mevlana'nın huzurunda olduğunu düşün. Mevlana'nın sana bir şey söylediğini hayal et... Sana tek bir kelime söylüyor sadece. Ne söylediğini duy evlat. Mevlana sana ne söyledi?"

Ustamın dediğini yapar, gözlerimi kapatıp hayal ederdim. Sonra Mevlana'nın bana söylediğini işittiğim ilk kelimeyi söylerdim.

Mesela *huzur* derdim... Ustam da "Bana huzurun ne olduğunu anlat" derdi. "Ama kelimelerle değil, neyle anlat. Ve kendini bırak. Sen sadece üfle. Kendini neyin sesine teslim et. Onunla bütünleş. Gerisi gelecektir."

Her hafta yaptığımız bu çalışmalar sayesinde, ney vasıtasıyla konuşabilme yetimi geliştiriyordum. Bugün bile hâlâ en çok neyle kendimi ifade etmeyi severim.

Kelimelerin gücü zayıf... İnsanı eksik anlatır, hatta hisleri anlatmaya hiç yetmez. Bu yüzden ben de en çok neyle anlatırım kalbimden geçeni...

Bir gün sana da neyle konuşabilmeyi dilerim yol arkadaşım.

Ustamla Geçen Aylar

Böylece aylar gelip geçti. Ustamla çalışmaya başlayalı bir yıl olmuştu. Ama ben bir yıl önceki ben değildim artık. Hatta dünkü ben bile değildim.

Neler mi değişti bende?

Öncelikle içimdeki müzik yeteneği ortaya çıktı. Neyin yanı sıra piyano eğitimlerine de başladım. Evimizde piyano olmadığı için o dönemin ucuz orglarıyla çalışıyordum. Haftada iki gün, belediyenin açtığı piyano derslerine katılıyordum. Öyle hızlı ilerliyordum ki, 4 sene sonra aynı kurumda gençlere piyano dersleri bile vermeye başlamıştım. Bende açığa çıkmaya başlamış olan bu yeteneklere kendim de şaşırıyordum.

Sonrasında yazı yazmaya da başladım. Öncesinde ödev yaparken bile tek satır yazmakta zorlanan ben, artık düşüncelerimi kâğıtlara kolayca dökebiliyordum. Üst üste öyküler yazdım, tiyatro oyunları kaleme aldım, hatta sahneledim de. Bir oyunum, uluslararası tiyatro festivalinde sahnelenmişti mesela.

Yıllar içinde yazılarımı, birikimlerimi ve deneyimlerimi paylaşmak için açtığım Facebook sayfamla 2 milyon insana ulaşmıştım. Zamanla hitabet yeteneğim de gelişmeye başladı. 22 yaşımdayken üniversitelerde seminerler vermeye başladım. İlkokulda bildiği soruyu yanıtlamak için bile elini kaldıramayan Hakan, artık büyük salonlarda yüzlerce kişinin karşısında saatlerce konuşuyordu.

Benim ailemde ne müzisyen vardır, ne yazar, ne de konuşmacı. Söyleseler bütün bunları başarabileceğimi ben bile hayal edemezdim. İçimde uyuyan potansiyeli nasıl açığa çıkarabileceğimi bilmiyordum çünkü. Mantıken düşünmeye kalkacak olsam ailemde müzisyen, yazar ya da konuşmacı olmadığına göre bunların hiçbirinin hayalini bile kurmamam gerekirdi.

Oysa bir usta, hayatımı değiştirmeyi başardı. Beni içimdeki ben ile tanıştırdı. Potansiyelimin uyanmasına rehberlik etti. Yeteneklerimin ifade bulmasına önayak oldu.

Beni manevi yola yönlendirmesi sayesinde büyük ve köklü değişimler yaşadım. Sahip olduğumun farkında bile olmadığım yeteneklerim, artık kolayca ifade buluyordu. Ruhani yönüm dengeye kavuşmaya başlamıştı.

Peki yol göstericim, ustam bana ne öğretti de böyle değiştim?

Tabii ki her şeyden önce onun yanına gidip geliyor olmam bile beni fazlasıyla değiştiriyordu. Sufilerin kullandığı ruhani yöntemleri de öğreniyordum ondan. En başta dengeyi öğretiyordu bana. Hiçbir şeyde aşırı kaçmamam gerektiğini söylüyordu.

Sık sık Kuran-ı Kerim'in Maide Suresi'ndeki, "Ey kitap ehli, hakkın dışına çıkarak dininizde aşırı gitmeyin" ayetini hatırlatırdı. Yüce Allah, dinde bile aşırı gitmemizi istemiyor, her şeyin dengede olmasını istiyor diyordu.

Ve ustam bana ruhani açıdan dengeye ulaşmam için teknikler öğretiyordu. Bu teknikleri bugün de kullanmaya devam ediyorum. Kitabın ilerleyen sayfalarında, sufilerin kullandığı ruhani tekniklerden de bahsediyor olacağım.

Lütfen bu kitabı okurken acele etme. Çünkü acele edersen gecikirsin. Bilgiyi alamazsın. Sindirerek ve basamakları tek tek çıkarak ilerlemeni öneririm.

Hedefin kitabı bir an evvel bitirmek olmasın, anlamak ve içselleştirebilmek olsun. Ben anlatmaya hazırım, sen de okumaya hazırsan ikimiz için de güzel bir yolculuk yapacağız demektir.

Yol göstericim, rehberim olan ustam bana maneviyat kapısını açarken karşılığında benden bir şey istedi sadece:

Bir gün sen de bu kapıyı başkaları için arala!

Ona verdiğim bu sözü hiçbir zaman unutmadım. Yıllar sonra benim de en büyük hedefim başkalarının kalplerini uyandırmak oldu.

Bu kitabı yazmamın amacı da ustamın sözünü yerine getirmek, başkalarının da kalplerindeki potansiyeli hareket geçirmek ve kapılar aralayabilmektir.

Ulaşabildiğim herkesin içindeki potansiyeli, yani sufilerin deyimiyle Yaradan'ın esmalarını uyandırmak yolunda rehberlik etmeye çalıştım bugüne kadar. Halen aynı şeyi yapmaya devam ediyorum. Nefesim yettiğince hayatımın sonuna kadar bu yolda çalışacağım.

Tıpkı kitabın başında anlattığım hikâyedeki gibi, herkesin cebindeki elması fark etmesi çok değerli... Zira bu bir sınavdır. Bu âlemde, bu bilinçle bulunuyor olmamızın da en büyük nedenlerinden biri budur.

Ruhumuza O'nun ruhundan üflendi. Kul olarak en büyük ödevimiz Yaradan'ın ruhumuzdaki nefesine hayat vermek. Bize bahşettiği yeteneklerin uyanmasını sağlamak...

"Bende cevher yok" diyemezsin. Yeteneklerini fark edememen, onlara sahip olmadığın anlamına gelmez. Ceplerini karıştırmayı dene, orada elmas bulacaksın.

Hakan! Önce Kabuklarından Kurtul!

Bir gün ustamın bir ney taksimini dinledim. Sonrasında "Hocam..." dedim. "Bir gün ben de sizin gibi ney üfleyebilecek miyim? Sizin kadar güzel konuşabilecek miyim, bu kadar dingin, bu kadar sakin biri olabilecek miyim?"

Ustam bana baktı ve gülümseyerek, "Elbette olabilirsin ama önce kabuklarından kurtulman gerekir" dedi.

Ne demek istediğini pek anlamamıştım ama benim de başarabileceğimin mümkün olduğunu duymak hoşuma gitmişti.

"Neyin kamışlıktan itibaren başlayan yolculuğunu bilir misin?" diye sordu bana. "Sazlıktaki kamışın hangi süreçlerden geçtiğini merak ettin mi hiç?"

Ustam, üflediği neyleri kendi elleriyle yapardı. Neyzenlerin deyimiyle kendi neyini açardı. Neyzenler *ney yapmak* deyimini kullanmazlar bunun yerine *ney açmak* derler.

Ustam yerinden kalktı ve atölye olarak kullandığı odaya gitti. Ben de peşinden gidip onu izledim.

"Şimdi sana neyin geçtiği çilelerin yolunu anlatma zamanı geldi" dedi. "İyi dinle evlat, çünkü bu hikâyede derin sırlar var. Bu hikâyeyi dinlerken düşüneceksin ve yeni şeyler keşfedeceksin.

Mevlana'nın 700 yüzyıl önce yazdığı *Mesnevi* hâlâ dünyanın her yerinde okunuyorsa, bir hikmeti vardır elbet. O kadim kitapta Hazreti Mevlana söze 'Dinle neyden' diyerek başlar.

Mesnevi'nin ilk on sekiz beytine 'Ney Mesnevisi' denir.

Mevlana ilk on sekiz beyti bizzat kendisi kaleme almıştır. *Mesnevi*'nin bundan sonraki bölümlerini ise Hüsamettin Çelebi'ye anlatarak yazdırmıştır.

Bu yüzden Mevleviler arasında Ney Mesnevisi, yani ilk on sekiz beyit çok değerlidir.

Hatırlarsan, neyin bir sır taşıyıcısı olduğundan bahsetmiştim sana. Peki bunun yanı sıra sence Mevlana neden ısrarla neyi vurgulamıştır?

Ney, tasavvuf felsefesinde neden bu kadar değerlidir?

Cevabını vereyim evlat:

Çünkü ney, insana çok benzer.

Neyin yolculuğu insanın yolculuğuyla çok örtüşür.

Neyin kâmile, yani kemale erişmesi, insanın kemale erişmesini anlatır.

Ney, insanın kemale erişme sürecini ifade eder.

İnsanın kâmil olma yolculuğunu anlatır.

Şimdi seni bir yolculuğa çıkaracağım. Zayıf bir kamışın, hangi yollardan geçerek içli bir neye dönüştüğünü anlatacağım."

Ustam eline ham bir kamış alıp gösterdi bana. Yeni koparılmış olduğu belliydi. Rengi yeşildi.

"Bak evlat..." dedi. "Sulak yerlerde muhakkak böyle kamışlar görmüşsündür. Kamışlar, özelliksiz bitkilerdir. İşe yarar, kullanışlı hiçbir yönleri yoktur. Yenmezler, içilmezler, ev yapımında kullanılmazlar... Sulak yerlerde kendi başlarına büyürler, mevsimi gelince de ölüp giderler.

Fakat bir ney ustası, özelliği olmayan kamışlardan birini eline aldığında artık o kamış için çok önemli ve çok değerli bir yolculuk başlar.

Ney ustası, kamışı bulunduğu yerden aldığında, neyin de ilk ayrılığı orada başlamış olur. Neyin yolculuğunun ilk adımı ayrılık acısıdır.

Bir vazgeçişle çıkar yola. Hatırlarsan her seçim bir vazgeçiştir demiştim ve insan bu yola çıkıyorsa bazı şeylerden vazgeçmeyi de bilmeli.

Ben neyin hikâyesini anlatmaya devam ederken sen de kamışın kaderiyle kendi yaşamın arasındaki izdüşümlerini fark et ve kendinle özdeşleştir.

Ney vatanından koparıldıktan sonra, önce belli bir zaman beklemeye bırakılır. Hemen işlenmez.

Ney ilk ayrılıktan sonra böylece sabretmeyi de öğrenir. Bekler... Bekler... Bekler..."

Ustam eline bir kamış daha aldı. Önceki kamışa nazaran daha fazla bekletilmiş gibiydi. Rengi de ilki kadar yeşil değildi.

"Ama kamış için yol henüz bitmemiştir" diye devam etti anlatmaya. "Sonra sıra kamışın üzerindeki sert kabuklara gelir" dedi. "Kamışı iyice sarmış olan kabuklar, ney ustası tarafından tek tek koparılır. Bu işlemin insanoğlunun yaşamındaki karşılığı da, egolardan, başkaları ne der korkusundan ve benliklerden kurtulabilme bilincidir."

Bunun üzerine ustam elindeki kamışın kabuklarını soymaya başladı. Ne kadar yoğun kabuklar vardı gövdesinde. Ustam kabukları soydukça kamışın özü ortaya çıkıyordu adeta.

"Ney kabuklarından kurtularak, içini açığa çıkarır" dedi ustam. "İnsan da sufi yolculuğunda yani kendi kemaline giden bu yolda öncelikle egosundan ve benliğinden kurtulursa yola çıkmış olur. İlk yolculuk egolardan sıyrılmaktır. Kendin olabilmektir. Sen kendin gibi olamadığında, kendi özüne ulaşamadığında bu yolda nasıl ilerleyebilirsin ki? O yüzden kurtul kabuklarından.

Kamış, kabuklarından kurtulduktan sonra da, bir süre daha beklemeye bırakılır.

Bekler, bekler ve sabrı öğrenmeye devam eder.

Sabır terbiyesinde iyice gelişir.

Sonra diğer aşamaya geçilir. Kamışların iç kısımları genelde doludur. Ney ustası kızgın bir demirle kamışın içini delerek boşaltır. Kamışın içi açılır. Derin bir boşluk oluşur. Hiçlik oluşur."

Ustam eline bir demir alıp, kamışının içini oymaya başladı. Bir süre sonra kızgın demir kamışın diğer ucundan çıktı. Böylece içi de temizlenmiş oldu. Boş kamışı bana göstererek, "Bak..." dedi. "İşte bu hiçliktir. Ney, artık tasavvuftaki hiçliği de ifade etmeye başlamıştır. Neyin içinin boşaltılması, tasavvuftaki *hiç olmak* kavramına karşılık gelir.

Şems-i Tebrizi'ye atfedilen bir söz vardır.

Ne der Şems-i Tebrizi:

Şu dünyada herkes bir şey olmaya çalışırken sen hiç ol... Menzilin daima yokluk olsun. İnsanın bir çömlekten farkı olmamalı. Çömleği sağlam tutan dışındaki şekil değil, içindeki boşluktur. İşte tıpkı bunun gibi insanı da insan yapan şey, benlik zannı değil, hiçlik bilincidir.

İşte böyle evlat...

Neyin içi delindikten sonra hiç olur ve yine bir süre daha beklemeye bırakılır."

Ustam elindekini bırakıp başka bir kamış daha aldı. Diğerlerine göre daha olgunlaşmış, daha sararmış bir kamıştı bu. Bir kızgın demirle, kamışın gövdesinde delikler açmaya başladı.

"İşte bu da yeni bir aşama evlat" dedi. "Ney ustası yine kızgın demirler kullanarak kamışın gövdesine yedi tane delik açar. Ancak bu deliklerden sonra neyden kalbe ilham veren nağmeler çıkabilir. Ve son olarak da neyin olgunluğunu ve mürşitliğini işaret eden parazvane ve başpare takılır.

Artık kabuklarından sıyrılmış, içi hiç olmuş, yedi delikli ney, nihayetinde son kıvamına gelmiş demektir.

'Öldüm, bittim, bu kadar acıyı neden çektim?' diye düşünen kamış, bir neyzenin nefesiyle tatlı ve hoş nağmelerle inlemeye başladığında anlar ki, bunca acı, bunca ıstırap, bunca sıkıntı boşuna değilmiş. Ney bile artık kendine şaşırır. 'Yaşadığım hiçbir şey aslında beni kahretmek için değilmiş' der. 'Her şey beni olgunlaştırmak ve kemale erdirmek için.'

İşte insan da bu açıdan neye çok benzer. Benlik zannından kurtulup egolarından arınarak hiçlik bilincine vardığında ve yedi nefis mertebesinden geçtiğinde tıpkı Kuran'daki 'Biz ona kendi nefesimizden üfledik' ayetinin anlattığı gibi neyzen de neye nefesinden üflediğinde kapılar açılmaya başlar.

Ney hazır hale gelmişse, kemale ermiş hale gelmişse ve sonunda muhteşem nağmeler çıkarabiliyorsa insan da hazır hale geldiğinde Yaradan'ın ona üflediği nefesle içinde uyuyan yetenekleri uyanmaya başlar. Kendi içinde yerini bilmediğin hüner kapıların açılır.

Sufilere göre herkesin içinde Allah'ın bir esması gizlidir ve o esma uyandıkça, farkında olunmayan yetenekler tek tek açığa çıkmaya başlar.

Sen herkeste olmayan farklı bir özelliğe sahipsin. Bunu açığa çıkarabildiğinde ve kendinde olanı keşfedebildiğinde biricik olursun.

Aynı her kamışın biricik kamış olduğu gibi. Bir ney ustası yüz tane aynı kamışı açar ama hepsinin ses tınıları birbirinden farklıdır. Her birinin kendine has özellikleri vardır. O yüzden kendin olmalı ve sana has olan güzelliği keşfetmelisin.

Evreni büyük bir yapboz gibi düşün. Hepimiz o yapbozun birer küçük parçasıyız sadece. Hepimizin bir özelliği var. Fakat birilerini taklit etmeye başladığımızda yapbozun içindeki doğru yerimizi kaybediyoruz.

Ancak kendimiz gibi olabildiğimizde ait olduğumuz yerle buluşabiliyoruz.

İşte o zaman ben biricik oluyorum, sen biricik oluyorsun. İşte o zaman Yaradan'ın sendeki esması açığa çıkıyor."

Ustamın sözleri beni çok etkiliyordu. Neyin nasıl yapıldığını bu şekilde açıkladıktan sonra, elleriyle yaptığı neyini aldı ve üflemeye başladı. Ben de bu sırada neyin kamışlıktan yola çıkış hikâyesini canlandırmaya başlamıştım içimde.

Bir ayrılıkla, bir vazgeçişle başlamıştı neyin hikâyesi. İnsan ayrılık acısını bazen istemeden de olsa yaşar ve o ayrılık onu aslında kendi ruhaniyetine götürür. Kamışın ayrılığı başlangıçta onu üzmüştü. Fakat sonra sabrı öğrendi. Sanırım her insan hayatının bir döneminde sabırla sınanıyor. Sonra ney kabuklarından sıyrıldı. Yani egolarından arındı. Gereksiz yüklerinden kurtuldu. Arkasından içi delindi ve hiç oldu. Gövdesine yedi delik açıldı. Ve sonunda mürşitlik makamına yükselip, kadim sırları üflemeye, anlatmaya ve sırları taşımaya başladı.

Özellikle de yedinin sırrını çok merak etmiştim.

Aradan geçen aylar boyunca ustam bana nefis mertebelerini de öğretti. Her nefis mertebesinde bir egzersiz de vardı. Bazen bir nefes tekniği, bazen bir tefekkür, bazen bir zikir...

Bana göre çok erken ama ona göre tam da zamanında bu dünyayı terk-i diyar etti ustam. Bana "Senin tek hocan ben olmayacağım" derdi hep. "Bir sürü rehberin olacak... Her bilgiye açık ol, öğren..."

Sonrasında gerçekten de dediği gibi oldu. Şimdi bakıyorum da aradan on altı yıl geçmiş. On altı yılda çok yere gittim, çok şeyler öğrendim, çok insanlar tanıdım, herkesten bir rehberlik aldım.

Bir dönem Afrika'da yaşadım. Sonrasında Şems-i Tebrizi'nin diyarı Tebriz'in dağlarında sufilerden eğitim aldım. Anadolu'nun birçok yerinde feyiz aldığım ustalarım oldu. Yaşadığım her an, karşıma çıkan her insan bana bir şey öğretti. Seninle çıktığım bu yolculukta, aldığım bilgileri hiç cimrilik etmeden seve seve paylaşacağım.

Her şeyi belki bu kitaba sığdıramayacağım ama senin için bildiklerimi yazmaya, konuşmaya ve anlatmaya hep devam edeceğim.

Ben bir aşk yolculuğuna çıktım ve yolun ucunun nereye varacağını düşünmedim. Bilgi neredeyse oraya gittim. Şems'in şu sözü kulağıma küpe oldu her zaman:

"Aşk yolculuğundasın unutma bunu, yolun sonu nereye varacak diye düşünme. Yolun nereye varacağını düşünmek, beyhude bir çabadan ibarettir. Sen sadece atacağın ilk adımı düşün, gerisi kendiliğinden gelir."

Evet.

Bu bir aşk yolculuğu...

İlahi aşka giden yol da, beşeri aşktan geçer.

Büyükler derler ki, "Leyla'dan geçmeden Mevla'ya varamazsın."

Bu yüzden şimdi Leyla'dan geçme faslına başlıyoruz yol arkadaşım.

Hocam hep derdi ki: "Her insan beşeri aşkla sınanır bu dünyada. Çünkü biz kendimizi çoğu zaman başkasıyla tanırız. Korkularımız, kaygılarımızı başkası vasıtasıyla görür. İlişki bir ayna olur bize. Ve bu hayat tam olarak dengeden ibarettir. İlişkilerinde denge, kendi ruhani yolculuğunda denge."

Dünya hayatımızdaki dengemizi nasıl kurabileceğimizden bahsetmek istiyorum sana. Yaşadığın hayatta denge oluşturamıyorsan, manevi dünyada da denge yakalayamazsın. Yaşam, bir denge sanatı... *İpi göğüsleyen değil, ipin üzerinde dengede yürüyen* yol almış olur.

Bu kitap boyunca önce ilişkileri yönetmeyi, sonra sağlıkta denge yakalamayı, ardından da bolluk ve bereket dengesi oluşturmayı da ele alıyor olacağım.

İlişkiler hayatımızın büyük bir kısmını kaplıyor. Doğru ve sağlıklı bir ilişki kurulamadığında ne yazık ki zaman ve motivasyon kayıpları yaşanıyor. İnanç kalıpları yıkılıp yeniden inşa ediliyor.

Tasavvuf ihtisasımın yanı sıra ilişkiler konusunda binlerce danışmanlık çalışmaları yapmış biri olarak dinlediğim her ilişki deneyiminden bir şeyler öğrendim, kendi hayatımda da deneyimledim.

Şimdi seninle bu konudaki bilgilerimi de paylaşmak istiyorum. Beşeri aşkı sağlıklı bir şekilde dengeleyebilelim ki, ilahi aşk yolu da kolayca açılsın.

Bir insana değer vermek özen göstermek
ona kıymetli olduğunu hissettirmek de bir kültürdür.
Bunun eğitimi yoktur.
Kitaplarda yazmaz.
Yolu insan olmaktan geçer.
– Uğur Gökbulut

II. BÖLÜM

İLİŞKİLERDE DENGE

İlişkinin Evreleri

Bu bölümde ilişkilerin süreçleri ve ilişkiler hakkında bolca başlıklar var. Dilersen ilişkinin sadece seni ilgilendiren evrelerini seçerek kitabı okumaya devam edebilirsin.

İlişkilerin her evresi hakkında fikir sahibi olmak ve her aşamayı doğru yönetmek adına tabii ki bu bölümdeki bütün başlıkları okumanı öneririm.

İlişkinin evrelerini iyi bilmek ve doğru anlamak, hem kendini hem de başkalarını daha iyi tanıyabilmeni ve daha başarılı karakter analizleri yapabilmeni sağlar.

Hayatın çok geniş ve önemli bir parçasını oluşturan aşk ilişkisini anlamak, aslında hayatı ve dengeyi anlamaktır.

Aşk ilişkilerinin benim keşfettiğim altı evresi vardır. Bir ilişkiye başladığında ya da halihazırda içindeyken, aşağıda açıkladığım ilişki evrelerinin bazılarından mutlaka geçersin.

Her ilişki her evreyi deneyimlemek zorunda değildir. Yine de süreçlerin ne olduğunu bilmek, yaşanan sürprizlerin aslında hiç de bilinmedik ya da beklenmedik olmadığını hatırlatır. Hazırlıksız gibi yakalandığın gelişmeler, aslında bu kitapta bahsettiğim ilişki evrelerinin bir parçasıdır mutlaka.

Dilersen ilişki evrelerinin ne olduğuna birlikte bakalım:

1. Tanışma Evresi
2. İlişkiye İsim Koyma Evresi
3. Evlilik Evresi
4. İlişkide Heyecanın Kaybolması-Monotonluk Evresi
5. Bitiş Evresi
6. Aşk Acısı Evresi

1. Tanışma Evresi

İlişki evrelerini hayalinde roman karakterleri olarak canlandırabileceğin Oğuz ve Ece'nin deneyimleri üzerinden anlatıyor olacağım.

Oğuz ve Ece, birbirlerinin çekim alanına girmeyi başardılar. Tanışmaları ve ilişkiyi başlatmaları an meselesi...

Ne var ki Oğuz reddedilme korkusu yaşadığı için Ece'ye yaklaşamıyor. Biraz çekimser ve ihtiyatlı... Korkuyor.

Oysa Ece, ilk hamleyi her zaman erkekten bekliyor. Bu yüzden hoşlandığı halde kafasındaki inanç kalıbını yıkmaya cesaret edemiyor ve Ece'den davetkâr bir hamle gelmesini beklemeye devam ediyor.

Sahnemiz bu!

Bu durumda ne yapmak gerekir?

Öncelikle erkeğin bakış açısı derhal değişmeli... Reddedilme korkusuyla baş etmenin bir yolunu bulmak zorunda. Aynı senaryoyu bir daha yaşamamak için, reddedilme korkusunun altında yatan sebepleri irdelemeli ve bir çözüme kavuşturarak tanışma evrelerindeki hamle şeklini değiştirmeli.

Buna karşılık kadın da bilinçli ve öngörülü olmalı. Bir erkeğin reddedilme korkusu yaşayabileceği ihtimalini asla göz ardı etmemeli. Erkekteki çekimserliği fark edebilmeli. Reddedilmenin erkek açısından ağır bir travma süreci başlatabileceğini bilmeli, erkeğin kolay açılabilmesi için, ona daha yaklaşılabilir bir izlenim vermeli.

Sahneyi sürdürelim...

Ece, Oğuz'un reddedilme korkusu yaşadığını fark ediyor. Bu yüzden çekimser davrandığını, yaklaşma cesareti gösteremediğini anlıyor. Dışarıdan bakınca mesafeli bir kadın olarak görüldüğünün de bilincinde.

Dolayısıyla Oğuz'a artık daha sıcak davranıyor. Sohbet etmeye başlıyorlar, birlikte gülebilecekleri, güzel vakit geçirebilecekleri konular üzerinde konuşuyorlar. Oğuz, Ece'nin göründüğü gibi mesafeli ve kalın duvarlı bir kadın olmadığını hissediyor. Onu sıcak ve saygılı buluyor.

Bundan cesaret alarak Ece'yi yemeğe davet ediyor. Böylece ilişkinin ilk evresi de başlamış oluyor.

2. İlişkiye İsim Koyma Evresi

Tanışma evresinde taraflar birbirlerini daha yakından analiz etmeye başlarlar. Aileleri hakkında konuşurlar, evdeki düzen ve yaşayış biçiminden bahsederler, varsa hobilerini, özel ilgi alanlarını anlatırlar. Hayata bakış açılarının ne olduğu hakkında birbirlerine ipuçları vermeye başlamışlardır.

İlişkiye isim koyma evresinde genelde birbirlerine hayranlık duyduklarından, kolayca âşık olurlar. Bu yüzden ilişkiyi mantıklı şekilde analiz edemezler.

Bu yüzden *"Âşık olduğunla evlen ama âşıkken evlenme!"* denir.

Çünkü bu süreçte aşkın gözü kördür ve karşımızdakinin olumsuz yönlerini asla görmeyiz. Hatta rahatsız olduğumuz şeyler bile tatlı gelir, kusurlar kolay tolere edilir.

Mesela yemek yerken ağzını şapırdatması aşk döneminde hoşuna bile giderken, aşk yerini sevgiye bıraktığında, bu huyunu artık eskisi kadar hoş karşılamayabilirsin.

İlişkinin bu ikinci evresinde büyük kararlar almamak gerekir.

İlişkinin ilk üç yılı

"Bulutların üzerindeyim..."

İlişkinin ilk başladığı zamanlar, bulutların üzerindeyim evresidir. İlişkinin hormonal olarak en yoğun ve yüksek seviyesidir. Dopamin hormonu oldukça yüksektir. Beyin, bir hormon sarhoşudur adeta...

Kadın da erkek de büyük bir heyecan ve mutluluk içinde ayaklarının yerden kesildiğini hisseder. İlişkinin en unutulmaz, en parlak evresi olduğu için ayrılıklardan sonra özlem duygusunu en güçlü şekilde kamçılayan evredir.

Bundan sonra ne yaşanacak olursa olsun, kadın da erkek de hep bulutların üzerinde evresini özlemeye ve aramaya devam eder. Bulutların üzerinde evresini bulamadıkça ve özlemeye devam ettikçe, ilişkisinin aslında eskisi gibi olmadığından yakınıp durur.

İlişkinin ilk bir ayı, her şeyin tozpembe göründüğü dönemdir. Hayat kolaydır, sorun yoktur, her şey kendiliğinden çözülür, dert etmeye gerek yoktur. Kimse "İlişkimizin sonu ne olacak?" diye sormaz. Sevgilinin o andaki varlığı kıymetlidir sadece. Henüz kimse bir beklenti içinde değildir. Kendinde olanı bonkörce ve koşulsuzca sunmaya devam eder. Çiftler birbirlerini henüz tam olarak tanımadıkları için hem keşfedecekleri çok şey vardır, hem konuşacakları şeyler bitmez, hem de her gün yeni ve güzel şeyler keşfetmek onları daha da yakınlaştırır. Sarhoşluk haliyle büyülenmiş gibidirler.

Karşı tarafın her hareketi her sözü çok tatlıdır. Yaptığı her şey kusursuzdur. Ne yapsa çok güzel yapıyordur. Ne var ki mutluluk hormonlarının etkisine yoğun bir şekilde maruz kalan beyin ne mantıklı düşünebiliyordur, ne çıkarımlar yapabiliyordur, ne muhakeme gücü vardır, ne de öngörü becerisi...

Gözünün önünde duran sorunu bile, farkında olmadan ya erteler ya da kendince "Nasılsa hallolur" cevabıyla geçiştirir. Ta ki "Neler oluyor bize?" sürecine kadar.

"Neler oluyor bize?"

İlişkinin yaklaşık ikinci ayından itibaren bu sürece girilir. Her gün yeni ve güzel şeyler keşfetme heyecanı giderek sona ermektedir artık. Çiftlerin birbirinde bulup heyecanlanacakları şeyleri kalmamıştır. Herkes birbirini tanıyordur. Kim neyi sever, neyi sevmez biliyordur. Nerede oturur, ne yer, ne içer, huyu suyu nedir, ailesi nasıldır, takıntıları, alışkanlıkları, hobileri, yaşam düzeni, hayat felsefesi ortadadır artık...

Hormonlar aşağıya çekildiği an, beynin muhakeme yeteneği devreye girer ve ilişkinin şekli değişmeye başlar. Kadın da erkek de her hareketi yorumlamaya, çıkarımlar yapmaya ve sorgulamaya geçer.

Neler oluyor bize evresi, şu soruların sıklıkla havada uçuştuğu dönemdir:

"Ne demek istedin?"

"Neden şimdi böyle davrandın?"

"Her zaman arardın da şimdi ne oldu?"

"Ne bu surat?"

"Sorun ne?"

"Sende bir haller var?"

Bundan sonra kaygılar da başlar. İlişkinin gidişatı hakkında bazen olumlu bazen olumsuz düşünceler oluşur. Bu işin nereye varacağı pek kestirilemez. İyi de olabilir gibi, olmayabilir gibi de... "Belki biraz daha zamana yaymak gerekir" fikri ortaya çıkar.

Erkek beyni daha analitik düşündüğünden daha soğukkanlı kararlar alarak ilişkiyi kendince bir sınava sokar ve aceleci davranmaktan imtina eder. Ancak kadın beyni incelikli bir zekâdır ve hormonal dalgalanmaları daha yoğun yaşadıkları için erkeğin analitik beyinle aldığı kararları kişiselleştirerek, duygusal çıkarımlar yapar. Duygusal tepkiler gösterir. Zamana yaymak düşüncesi bile istenmediği hissini yaratır kadında ve gösterdiği duygusal tepkilerle güvensizlik duygusunun artmasına neden olur. Bunun üzerine gelecekle ilgili planlar işitmek ister. Evlilik, nişanlılık, aynı evde yaşamak, birlikte başka bir ülkeye yerleşmek, birlikte bir yatırım yapmak...

Kadın beklediğini alamadığı sürece, kendini tedirgin hisseder, bu onu öfkelendirir ve bulutların üzerinde evresinde asla düşünmediği kaygıları gün yüzüne çıkar.

"Kararını ver!"

Bu dönem yaklaşık olarak üçüncü ayın sonlarına denk gelir ve çok önemlidir. İlişkinin kaderinin yazıldığı dönemdir. Beyin artık mantıksal işlevlerini bütünüyle yerine getirebildiği için kadın da erkek de olumlu ya da olumsuz kararların net olmasından, gidişatın ne yöne olduğunu bilmekten yanadır.

Bu evrede şu soruların yanıtları oluşmaya başlamalıdır:

Devam etmek istiyor musun?

Değiştiremeyeceğinin farkında olup onu olduğu gibi kabullenebiliyor musun?

Kusurlarını gerçekten hoş mu görüyorsun yoksa görmezden gelmek için elinden geleni mi yapıyorsun?

Sevildiğinden emin misin?

Hayalindeki insan o mu, yoksa sen onu hayalindeki insan haline getirmek için mi çabalıyorsun?

Birlikteyken güzel vakit geçirebiliyor musunuz?

Paylaşımlarınız giderek artıyor mu ve bu sizi birbirinize yakınlaştırıyor mu?

Birbirinizden sıkıldığınızı hissediyor musunuz?

Ayrı vakit geçirme isteğiniz artıyor mu?

Bütün bunların sorgulandığı ve artık giderek net kararların verildiği bir evredir *kararını ver* evresi... Sürüncemede kalmasını önermem. Süründürmenin de sürüklemenin de anlamı yok. İlişkiler, olumsuza evrilmeye başladığında büyük enerji ve zaman kayıplarına neden olur. İlişkinin bitmesi gerekiyorsa, bu evrede bitirmek doğrudur.

İnsan düşünürken dikkatli,
uygularken kararlı olmalıdır.

"Ne olacak bu işin sonu?"

Kararını ver evresinden sonra ilişkinin devam etmesine karar verilmişse altıncı ayla birlikte yeni bir süreç başlar. Altı ay ve sonrası kısa bir zaman dilimi değildir. Kadın da erkek de bu ilişki için karşılıklı emek harcamıştır. Artık iki taraf da almak evresinden vermek evresine geçildiğinin farkındadır. Bundan sonra kendinden vererek yola devam etmesi gerektiğini bilir. Pembe bulutlar çoktan dağıldığı için artık sorumluluklar söz konusudur. Sorumluluk almak özveri gerektirir. Kişiler aldıkları bu sorumluluğun ve verdikleri bu özverinin karşılığını görmek isterler.

Çiftler birbirlerinin aklında ve kalbinde ne değere sahip olduklarını bilmeyi arzu eder. Buna göre gelecekle ilgili bir karar alınacaktır. Evlilik konusunun konuşulmaya başlandığı bu evrede de çiftler birbirlerini sürüncemede bırakmamalı. Birlikte bir gelecek öngörmekte zorlanıyorsan, harcadığın altı ayı değil harcayacağın uzun yılları düşünerek kararını vermelisin. İstemediğin halde sadece altı aydır birliktesiniz diye bir ilişkiyi süründürerek de olsa devam ettirmeye çalışmak, hem kendine hem de sevgiline karşı yapacağın en büyük haksızlıktır.

Bu evrede verilecek karar ilişkinin gidişatını çizecektir.

İlişkide birinci yıldan sonra

Benimsenen ilişki...

Bu evre çok önemlidir. Zira artık bu ilişkiyi sadece iki kişi yaşamıyordur. Aileler, arkadaşlar, çevre ve ortak dostlar da ilişkiye dahildir. Herkes bu çiftin ilişkisine tanıktır ve onların da beklentileri vardır.

Çiftlerin çevresindeki insanlardan "Ne düşünüyorsunuz? Neye karar verdiniz?" sorusunu sıklıkla duydukları dönem, ilişkinin bir yıl sonrasıdır. Etraf bu çifti öylesine kabul etmiştir ki ne kadın ne de erkek tek başına görülmeye hakkının bile olmadığını düşünmeye başlar.

Yalnız gittiğin her ortamda sana önce sevgilini sorarlar.

"Hayırdır, o nerede, neden gelmedi?"

Bu kabulleniş, belki de fazla benimsemedir ki maalesef çiftlerin üzerinde baskıya neden olabilir.

Seni o olmadan düşünemeyen etrafın yüzünden kendini baskılanmış hissetmeye başlayabilirsin. Sevdiğin için değil belki de mecbur olduğun için ilişkiyi devam ettirmek istediğin düşüncesine de kapılabilirsin.

Herkesin bu kadar benimsediği bir ilişkiden çekip gitmek kolay gelmiyor olabilir. Hiç yoktan yere kendini boğuluyor hissetmen de işin cabası...

O halde ilişkinin birinci yılı ve sonrası da çok kritik...

Evlilik kararı almışsan zaten etrafını da tatmin ederek beklentilerini karşılıyorsundur, yalnız sevgili olarak yoluna devam etmeyi düşünüyorsan, birey olarak kendine nefes alabileceğin bir alan oluşturma zamanı gelmiş demektir. Birbirinizin ayrılmaz bir parçası gibi görünmek, dışarıdan sempatik içeriden çürütücüdür. Biri olmadan diğerinin olamayacağı düşüncesi ilişkiyi tüketir. Bu yüzden senin de sevgilinin de özel alanları olmalı... Ailelerinizle tatile gidebilir, arkadaşlarınızla ayrı vakit geçirebilir, aynı evde yaşıyorsanız bazı geceler ailelerinizin yanında uyuyabilirsiniz.

İlişkide ikinci yıldan sonra

"Boğuluyorum!"

İki yıldır hayatında hiçbir şey değişmiyorsa, ilişki sıkıcı bir sürüncemeye girdiyse muhtemelen karşılıklı boğuluyorsunuzdur.

Beklentilerin kalmamışsa, evlilik, aynı evde yaşama, başka bir ülkeye yerleşme, birlikte yatırımlar yapma hedefleri suya düşmüşse, bu yolda sen de o da bir adım atmıyorsanız, ilişki günü kurtarıyor gibi ilerliyorsa ve iş ölümcül bir rutin halini aldıysa ikiniz de bittiğinin farkında değilsiniz demektir.

Üzgünüm ama artık bitti!

Bir olay olsun da ipler kopsun diye beklemenin anlamı yok. İkinci yıldan sonra çiftler birbirlerinin cep telefonlarını daha çok karıştırmaya başlarlar. Çünkü aldatıldıklarını görüp bu ilişkiden kurban psikolojisiyle, mağdur olarak çıkıp gitmek isterler. Günahları başkasına devredip, herkesin sevgisini, desteğini ve tesellisini yanına alıp yeni bir sayfa açmayı arzu ederler.

Bunlara hiç gerek yok...

Bitmişse bitmiştir ki bu yeterince önemli bir durumdur zaten. Üzerine yeni vakalar eklemeye ve haklı çıkmaya gerek yoktur çünkü ilişkinin haklısı haksızı olmaz. Kazananı kaybedeni yoktur. Bu bir kazan-kazan oyunu değildir.

Birbirinize hoşça kal deyin, kâfi...

Ne var ki ayrılmak istemiyorsan işin rengi değişir. Şu durumda ilişkini akışa bırakarak kurtarmaya çalışıyorsun demektir. İnceldiği yerden kopacak olması uykularını kaçırıyordur. Aslında boğulduğunun farkındasındır, ilişkinin süründüğünü görüyorsundur ama iki yıllık bu alışkanlıktan geçip gitmek kolay gelmiyordur sana...

Bazı acılar faydalıdır.
Önce üzer, sonra her şeyi daha iyi anlamanı sağlar.

3. Evlilik Evresi

Ece'yle Oğuz bir buçuk yıldır birlikteler. Bu süreçte işler biraz ciddileşmeye başlıyor. İkisi de evlenip mutlu bir yuva kurmak düşüncesinde.

Oğuz, Ece'yi kaybetme korkusu yaşadığı için evlilik hakkında konuşmayı isteyebilir. Bunun tam tersi de olabilir. Ece, hayatının geri kalanını Oğuz'la geçirmek istiyordur ve evlenmeyi arzu ediyordur.

Tabii ki sadece bu iki sebep olmayabilir. Belki de sadece toplumsal baskılar yüzünden ya da ailenin isteğiyle evlilik konusu gündeme gelmiş olabilir.

Ece'nin de Oğuz'un da evlilik konusunda anlaştığını düşünerek devam edelim. Belediyeden gün alındı ve nikâh masasına oturuldu.

Oğuz ve Ece ilişkilerinde yeni bir evreye geçmişlerdir artık. Mutlu mesut bir evlilik evresi...

Bu evrede her şey yolundadır ve güzeldir. Çiftler, evlilik sürecini kaderine terk etmemelidirler. Her şeyin kendiliğinden iyileşmesi beklenmemeli, karşılıklı emek vermeye devam edilmelidir.

Elbette küçük tartışmalar evliliğin tuzu biberidir ama taraflar öfkelerini bir noktada kontrol edebilmeli, çözülemeyecek büyük krizlere neden olmamalıdır. Çünkü üst üste yaşanan irili ufaklı krizler evliliği içten içe kemirmeye ve yaralamaya başlar.

Kadın da erkek de evliliğin devamında emek sahibi olmalı. Ancak bu şekilde ömür boyu devam eden evliliklerden söz etmek mümkün olur.

Peki ya evliliğe gereken özen gösterilmezse ve emek verilmezse ne olur?

Evlilik, giderek monotonlaşır...

4. İlişkide Heyecanın Kaybolması-Monotonluk

Monotonluk evresi çok tehlikelidir. Çiftler artık birbirlerine sevgili gibi değil, arkadaş gibi davranmaya başlarlar.

Monotonlaşma evliliğin düşmanıdır. Sürprizlerin, bilinmezliklerin, heyecanların yaşanmadığı bir evlilik, zamanla sıradanlaşır.

Çiftler açısından durum artık "Olsa da olur olmasa da olur" düşüncesindedir.

Ece ile Oğuz, evliliklerine yeterince önem vermiyorlar. Küçük tartışmaları bile büyütüyorlar. Giderek birbirlerine olan saygılarını da kaybediyorlar.

Ece, ilişkinin başında ona karşı çekimser yaklaşan, kalbi küt küt atan, heyecandan elleri terleyen o âşık adamı özlüyor. Oğuz da karısını kaybetme korkusu yaşamıyor artık. Çünkü Ece de Oğuz da birbirlerine emek vermekten vazgeçti.

Ece, kendi için hiçbir şey yapmıyor. Eskiden dans kurslarına, fotoğraf eğitimlerine, doğa kamplarına giden Ece'nin canı şimdi sinemaya bile gitmek istemiyor çünkü sürekli yorgun. Oğuz'un da hayattan keyif aldığı noktalar tükenmiş. Bir zamanlar arkadaşlarıyla yurtdışı seyahatlerine giderken, doğa sporları yaparken şimdi televizyon karşısında maç izlemeyi tercih ediyor.

Ece, hayatlarındaki rutini bozmak için bir akşam tiyatroya davet ediyor Oğuz'u. Şık kıyafetler almış kendine. Üstelik çok da yakışmış. Bu haliyle şahane görünüyor. Yüzündeki tebessümü görünce birkaç yıl önce âşık olduğu kadını hatırlıyor Oğuz.

"Hadi gidelim" diyor Ece...

Ne var ki Oğuz'un yarın çok önemli bir toplantısı var. Akşam mutlaka çalışması lazım... Oğuz pek de gönüllü olmayarak gidiyor. Ama bu akşam yaşananlar da durumu kurtarmaya yetmiyor. Ve artık ikisi de acı gerçeğe doğru yaklaşıyor.

Kitabın ilerleyen sayfalarında monotonlaşan bir ilişkinin nasıl kurtarılabileceği hakkında geniş bilgiler veriyor olacağım.

Şimdilik, monotonlaşma sorununun, kolayca çözülebileceğini hatırlatmak isterim sadece.

Örneğin şu an telefonla eşini arayıp "Hayatım nasılsın?" "Sadece hatırını sormak için aradım, kendine iyi bak. Seni öpüyorum" dediğinde bile eşini kolayca mutlu etmeyi başarabilirsin.

Unutma, mükemmellikler küçük detaylarda saklıdır.

5. Bitiş Evresi

İlişkilerdeki monotonlaşma sorunu çözülemezse bir sonraki evreye geçilir ki bu evre ne yazık ki bitiş, yani diğer bir adıyla çöküş evresidir.

Bitiş evresinde çiftler artık birbirlerine sevgi hissetmezler. Sürekli kavga ediyorlardır. Belki ihanetler bile yaşanabilir. Artık zorunlu bir birliktelik vardır.

Çiftler birbirlerinden nefret etme noktasına geldikleri halde çok zaman ilişkiyi süründürmeye devam ederler.

Her şey bittiği halde ilişkiyi neden bitirmezler?

Bu sürüncemenin birçok sebebi var. Özellikle ülkemizde yaygın olarak görülen sebep çocuklardır. Çocukların olumsuz etkilenmemesi için çiftler ilişkileri koptuğu halde ayrılmazlar. Fakat buna karşılık çocukları gerilimli, sevgisiz ve travmatik bir ev ortamında büyümeye devam eder.

Diğer bir etken de "El âlem ne der?" kaygısıdır. Boşanmak, toplumsal açıdan kadın ve erkek için kolay bir karar olmuyor ne yazık ki.

Bazen erkek düzeninin bozulmasından korkabiliyor, kadın da *dul* damgasını yemekten çekiniyor. Evlilik sonrası bilinmezlik korkusu da çiftlerin ayrılmasına engel olabiliyor. Hele bir de çocuk varsa durum daha da zorlaşıyor.

Sonunda acıya dayanamayıp boşanmaya karar verenler çok tabii... Bu evredeyken tanıştığım pek çok danışanım oldu. Bu yüzden en iyi bildiğim evrelerden biri, bitiş evresidir.

Kişiler tam bir çaresizlik içindedir artık. Gerçek bir duraksama dönemi...

Bunca yıl emek verilen bir evlilikten hemen vazgeçmek istemezler ama bir yandan da yaşadıkları acıyı sürdürmeye dayanamazlar. Sonunda acı baskın gelir ve boşanmaya karar verirler.

Böylece bir evlilik sona erer. Çiftler ayrıldıktan sonra bazen tekrar görüşürler. Birbirlerine bir şans daha vermek isterler. Fakat aradaki saygı yitirilmişse, sevgi tükenmişse bir ya da birkaç şans tanımak bile o ilişkiyi kurtarmayacaktır.

6. Aşk Acısı Evresi

Aşk acısı evresi, çok sancılı bir süreçtir.

Biri çok severken diğerinin terk etmesiyle aşk acısı doğar. Ya da beklenmedik bir ihanet yüzünden ayrılmak zorunda kalındığında aşk acısı çıkıyor ortaya.

Bana en çok danışılan konu aşk acısı evresidir. Bu konuda oldukça geniş bir literatüre sahibim.

Aşk acısından kurtulmanın yollarını ilerleyen sayfalarda anlatıyor olacağım.

Vazgeçilmez Kadın Olmak

Aksaray Üniversitesi'nde verdiğim seminerin ardından bir kadın katılımcım yanıma gelerek "Sizinle ilgili bir fikrimi paylaşmak istiyorum" dedi. "Bir videonuzu izledim. Erkeklerin güçlü kadınları sevdiğinden söz ediyordunuz. Oysa erkekler her zaman kendilerinden daha güçsüz kadınları tercih ediyorlar. Bu yüzden bu düşüncenize katılmıyorum."

Ben de karşılık olarak "Haklısınız..." dedim. "Erkeklerin büyük bir kısmı kendilerinden güçsüz kadınları tercih ederler ama zeki ve güçlü kadınlara âşık olurlar."

Erkekler, kendilerinden güçsüz kadınları tercih ederler fakat onlara asla âşık olmazlar.

Peki erkek, neden kendinden güçsüz kadını tercih eder?

Sorunun cevabını narsislerle ilgili bölümde etraflıca açıklıyor olacağım.

Öncesinde erkeklerden ve erkeklere göre güçlü kadının kim olduğundan biraz bahsetmek istiyorum.

Şu gerçeği kabul etmekte fayda var:

Erkekler, kadının nasıl göründüğüne çok önem veriyorlar ve fazlasıyla da etkileniyorlar.

Kadının o anki güzelliğini makyaja borçlu olduğunu, ayağındaki topuklular sayesinde uzun göründüğünü ve gözlerindeki mavinin lens olduğunu bildiği halde dış görünüşün çekiciliğinden çok etkilenir.

Fiziksel algı, ilk teması kurmakta oldukça güçlü bir faktör olmasına rağmen, ilişkinin devamını sağlamak açısından yetersizdir. Bu yüzden ilişkilerin başlangıç dönemlerinde kadın da erkek de dış görünüşünü fazlasıyla önemser, dikkat eder fakat zaman içinde bu ilgisini yitirir. Bir süre sonra dış güzellik, çok da önemli olmuyor.

Psikolojideki *hedonik adaptasyon* kavramı, anlatmak istediğim konunun karşılığını tam olarak veriyor:

> *"İnsan bir süre sonra her şeye alışıyor ve mükemmel olan bile sıradanlaşmaya başlıyor."*

Dünyanın en güzel kadınlarının bile aldatıldığı haberleri, hedonik adaptasyona en güzel örneklerdir.

Bir kez daha altını çizmek gerekirse, fiziksel çekiciliğin ilişkiyi başlatma aşamasında hızlandırıcı bir faktör olduğunu kabul etsek de, ilişkiyi korumak ve devam ettirmek açısından yetersiz kaldığını açıklamak gerekir.

Elbette kişisel bakım ilişkinin her aşamasında çok değerli, ancak dış görünüşteki yüksek cazibe, ilişkinin her aşamasında belirleyici bir güç olamaz.

Uzun süreli ilişkiler yaşayan erkekler, nasıl kadınlardan etkileniyor?

Hangi kadınlar, erkekler için vazgeçilmez?

Merak etme, bu sorunun yanıtını aşağıdaki satırlarda vereceğim.

Her şeyden önce şunu bilmelisin ki bir erkek, kadınına bağlanmak ister. Temelde bağlanmayı sağlayan şeyse hayranlıktır. Yani bir erkek karşısındaki kadına hayran olursa ilişkiyi uzun süre devam ettirebilir.

Türkiye'de ya da dünya medyasının magazinlerinde birbirlerine yakıştırılmayan, özellikle sosyal medyada yerden yere vurulan pek çok ünlü isimler gördük.

"Bu çirkin kadında ne buldun?"

"Bu yakışıklı adamın böyle sıradan görünen bir kadının yanında ne işi var?"

"Gencecik kız, kendinden kaç yaş büyük adamla beraber. Adam düpedüz yaşlı..."

Bu yorumlar hiç yabancı gelmiyor değil mi?

Biliyorum...

Zihinsel ve duygusal olarak ilişkileri eleştirme kapasitemiz bu kadar çünkü...

Dış görünüş ne kadar önemli olsa da ilişkiyi devam ettirmeye yetmez demiştim. İlişkiyi devam ettiren dinamikler farklıdır.

Fiziksel olarak yan yana yakıştırılmayan çiftlerin büyük aşk yaşıyor olmaları gerçeğinin arkasında hayranlık duygusu yatar.

Yanındaki kadına hayranlık duyan bir erkek için kadının yaşının da, nasıl göründüğünün de, ne kadar şık ya da havalı olduğunun da pek bir önemi yoktur artık.

Bazı kadınlar kültürüyle, bazıları zekâsıyla, bazıları zarafetiyle, bazıları yaşam felsefeleriyle, bazıları coşkularıyla, bazıları yetenekleriyle, bazıları çözümcülüğüyle erkeği hayran bırakır kendine.

"Kadınlar güçlü erkek ister" sözünü belki çok duymuşsunuzdur. Pek dile getirmeseler bile aslında erkekler de güçlü kadın ister... Güçlü kadınlara hayran olurlar, bağlanırlar. Her erkek evleneceği kadının güçlü olmasını ister.

Biz erkekler ne kadar güçlü görünmeye çalışsak da hepimizin eksiklikleri ve zayıf yönleri var. Bu yüzden güçlü bir kadın, uzun süreli ilişkilerde erkeğin vazgeçilmezidir.

Erkek için "güçlü kadın" kimdir?

Kendi ayakları üzerinde durabilen, başkasına muhtaç olmayan, dişiliğini kaybetmemiş, alımlı, planlama yeteneği olan, erkeğin zayıf kaldığı noktalarda ona yardım eden, işbirliği yapan, toparlama ve organize etme yeteneğine sahip, hepsinden önemlisi zeki bir kadın, muhakkak güçlü bir kadındır.

Çok sayıda erkek danışanlarım da oldu. İnan ki çoğu güçlü erkeklerdi ve aşk acısı çektikleri için benden yardım almaya gelmişlerdi. Kimi milyonlarca dolarlık şirketleri yönetiyordu, kimi Türkiye'de hayli tanınmış, şöhret sahibi sanatçılardı.

Hepsi kendilerinden daha zeki kadınlara âşık olmuşlardı. Bir tanesi zayıf görünmemek için aşkını itiraf edemediğinden dolayı aşk acısı çekiyordu, biri de reddedilme korkusu yüzünden yaklaşamıyordu. Fakat hepsinin bir ortak noktası vardı: Kendi gibi olabilen özgür ruhlu kadınlara âşık olmuşlardı.

Konuyu kısaca özetleyecek olursam şunu söyleyebilirim:

Bir erkeğin seni sevmesi için onun her isteğini yerine getirmek zorunda değilsin.

Başkalarını taklit et demiyorum sana, sadece kendin gibi ol.

"Kendim gibi olursam beni sevmez" diye düşünüyorsan o halde yanlış adrestesindir zaten. Seni kendin gibiyken sevemeyecek bir adam, zaten hiç sevmesin. Birbiriniz için doğru değilsinizdir.

Oldurmaya çalışmak, gereksiz bir çabadır. Ayrıca kırıcı ve yıpratıcıdır. Onun istediği bir kadın gibi olmaya çalışmak, kim olduğunu unutturur sana. Potansiyeline haksızlık eder, gereksiz yere kendini aşağılamış olursun sadece. Ne kadın, ne erkek... Kimse diğeri için değişmez. İnsan kendi için değişir, gelişir, büyür, potansiyeline ulaşmaya, yeteneklerini uyandırmaya çalışır.

Sen onun istediği kadına dönüşmek için gelmedin bu dünyaya. Aynı şekilde o da senin istediğin erkeğe dönüşmek için doğmadı.

Ancak kendimiz gibi olabilirsek mutlu olabiliriz. Bir elmanın yarısı olmaya çalışma. Siz iki ayrı elmasınız... İki ayrı çiçek... Birleştiğinizde buket olursunuz. Özgünlüklerinizi, özelliklerinizi yitirmeden, iki ayrı çiçeğin birleşerek oluşturduğu bir buket olabilmek, ilişkilerdeki dengenin temelidir.

İlişki, dünya deneyimindeki en kutsal ve en haz verici süreçlerden biridir... Bu eşsiz deneyim uğruna asla kimsenin kölesi olmayı göze alma.

Hazreti Ali der ki:

*"Allah seni özgür yaratmışken
başkasının kölesi olma!"*

Erkeğin de kadının da güçsüz yanları vardır. Hepimiz zaaf sahibiyiz. Muhakkak birbirimize ihtiyacımız var.

Mevlana'nın çok sevdiğim bir sözü vardır. "Bu yollar yalnız yürünmez" der.

Kalabalık bir yolculuktan geçiyoruz dünya âleminde. Birbirimizin varlığına, eksik yönlerimizi tamamlayan güçlere, enerjilere ihtiyacımız var.

Bu yüzden ilişkiler hayatımızın önemli bir parçasını oluşturuyor zaten.

İlişkilerde bağlılık esastır, bağımlılıksa esarettir.

Birine bağlı olmakla, ona bağımlı olmak aynı şey değildir.

Sağlıklı olan bağlılıktır.

O olmadığında da sen bir başına ayakta durabilmeli ve mutlu olabilmelisin. Gücün ve mutluluğun kimsenin varlığına ya da yokluğuna bağımlı değil...

Unutma ki, yalnızken de mutlu olabilen insanlar, sağlıklı ve dengeli ilişkiler yaşayabilirler. Kendiyle barışık, kendiyle iyi vakit geçirebilen, yaşadığı hayattan memnun, kimseye yaslanma ya da bağlanma ihtiyacı duymayan kadınlar ve erkekler, uzun süreli ve mutlu ilişkilerin mimarlarıdırlar.

Hadi gel, şöyle bir hesap yapalım.

Mutluluğunu 1 ile 10 arasında puanlayalım.

Hayatında biri yokken mutluluk seviyen 4 puan diyelim.

Hayatına biri girdiğinde mutluluk seviyen 8 puana yükseldi. Yani iki katı irtifa kazandın.

Dolayısıyla mutluluğun yarı yarıya başkasının varlığına bağlı.

Bir zaman sonra bu ilişkinin bağımlısı haline gelme ihtimalin çok yüksek.

Ne var ki hayatında biri yokken mutluluk seviyen 7 puan olsaydı ve hayatına biri girdiğinde mutluluk seviyen 9'a yükselseydi, sağlıklı, dengeli ve mutlu bir ilişki yaşardın.

Bir kere kaybetme korkusu yaşamazdın çünkü sen zaten onunla ya da onsuz mutlu olmayı becerebilen bir insansın.

Kaybetme korkusu yaşamadığın için kendin gibi olmakta ısrar edersin. Kimse için değişmeye ya da olmadığın biri gibi görünmeye çalışmazsın. Oyunlar oynamak, stratejiler yapmak zorunda kalmazsın. Senin özgüvenin, gücün ve kendinle barışık olma halin, birlikte olduğun erkeği çekmeye devam eder, özgünlüğünle onu kendine hayran bırakırsın.

İlişkinin bağımlısı değil, bağlısı olursun.

Altı üstü 3 puandan bahsettim değil mi?

Aslında çok büyük farklara neden olan bir ayrıntıdan bahsettim sana.

4 yerine 7 puanlık mutluluk seviyesinde olmak bir ilişkinin gücünü de, niteliğini de, kalitesini de yüksek oranda etkiliyor.

Sadece 3 puanla, bir erkeğin asla vazgeçmek istemeyeceği kadın olursun.

Nâzım Hikmet'in de dediği gibi:

"Ben sensiz de yaşarım ama
seninle bir başka yaşarım."

Vazgeçilmez kadının 9 davranışı

1. Bir hata yaptığında, bunu fark etmesini sağla. Aksi halde yaptığının hata olduğunu fark etmeyerek tekrarlamaya devam edecektir. Her hatanın bir bedeli olduğunu öğretmelisin. Her insan hata yapar. Sen nasıl ki yaptığın hatalardan ders çıkarıyorsan ve ödediğin bedeller seni aynı hatayı tekrarlamaktan alıkoyuyorsa, onun da hatalarından ders çıkarmasına fırsat ver. Bırak bedelini ödesin...

2. Hayır demeyi öğrenmelisin. O istediği için her şeyi onaylamak zorunda değilsin. Sürekli evet diyen kadın olmamalısın. Ona evet diyerek kendine hayır dediğini unutma.

Hayatında genel olarak kimseye hayır diyememe sorunu yaşıyorsan, ne yapman gerekir?

O halde sana insanları kırmadan hayır diyebileceğin kullanışlı birkaç hayır cümlesi vereyim:

"Şu sıralar başka önceliklerim olduğu için bunu yapamayacağım."

"Önce biraz düşüneyim sonra cevap veririm."

"Bu teklifin şu an bana bir fayda sağlamıyor ama ihtiyacım olursa sana tekrar ulaşırım."

"Bu benim yapabileceğim bir şey değil, neden başkasıyla görüşmüyorsun?"

Dikkat edersen bu kullanışlı hayır cümleleriyle seni yalan söylemeye teşvik etmiyorum. Neden ve sonuç örüntüsü veriyorum. Dürüstçe kendini ifade edebilme fırsatı sunuyorum.

Hayır dediğinde sonucu dilediğin zaman evete çevirebilirsin ama evet dediğin şeyleri hayıra çevirmen zordur.

3. Kıskançlığınla başa çıkabilmenin bir yolunu bulmalısın. Kimi ne kadar kıskanırsan, kendini o kadar vazgeçilmez sanacaktır. Ve eğer birine vazgeçilmez olduğunu hissettirirsen, emin ol ilk vazgeçeceği kişi de sen olursun.

Kıskanmıyor gibi görünmeni önermem. Gerçekten kıskanmamayı başarmanı öneririm.

Kıskançlık konusunda kendini sorgulamanı isterim.

"Onu neden çok kıskanıyorum?"

"Kendimi eksik hissettiğim konular mı var?"

"Terk edilme korkusu mu yaşıyorum?"

"Kendimi değersiz mi görüyorum?"

"Onurumun kırılmasından mı korkuyorum?"

Genelde kıskançlık sorununun temelinde, bilinçaltında yatan terk edilme korkusu vardır. Terk edilme korkusu, ilişkilerin karabulutudur. Her şeyin durup dururken kötü gitmesine neden olur.

"Hiç kıskanmamak mümkün mü?" diye sorabilirsin.

Kıskanmak ve sahiplenmek birbirine yakın gibi görünse de aslında çok farklıdır. Kıskanmak ne kadar yıpratıcıysa sahiplenmek o kadar belirleyici ve net bir alandır.

Sahiplenmek, ilişkiye harita çizmektir ve ona bir kimlik vermektir. O ilişkinin coğrafyasında müşterek bir hayat kurmaktır. Kadın da erkek de sahiplenme hissiyle, bu haritanın belirlediği coğrafyanın içinde birbirlerine karşı sorumluluk duyarak ilişkiyi yürütürler.

Kıskançlıksa kimliksizleştirmektir. İlişkinin haritasını yok saymaktır. "Seven kıskanır" sözü büyük bir aldatmacadır. Seven insan kıskanmaz, sahiplenir. Seven insan kimseye kıskançlık prangası vurup sevdiğini köleleştirmez, kuklalaştırmaz, kimliksizleştirmez...

Vazgeçilmez kadın, kıskanmayan, sahiplenen kadındır.

4. Hayatına biri girdiğinde sosyal hayatından ve arkadaşlarından uzaklaşmamalısın. Yalnızlaşmamalısın. Aşk ilişkilerinde tekrarlanan en büyük hatalardan biri budur. Bir ilişki başladığında çiftler, önce sosyal hayatlarındaki rutin programlarını değiştirirler ve arkadaşlarından uzaklaşırlar.

Bir süre sonra hayatında sadece sevgilisi kalır. İster istemez hayatının merkezine sevgilisini koyar ve onu kaybetmemek için özgün mizacından tavizler vermeye başlar.

Kimse için sosyal hayatından vazgeçme. Çevren geniş olsun. Her hafta düzenli şekilde arkadaşlarınla vakit geçirmeye devam et. Etrafındaki insanlara vakit ayır, arkadaşlıklarını geliştir. Sana kendini iyi hissettiren etkinlikler yap. Böylece aşk ilişkini de bağımlılıktan korur, daha sağlıklı ve dengeli sürüp gitmesini desteklersin.

5. Bakımlı ve alımlı olmaya özen göstermelisin. Bunu herkesten önce kendin için istemeli, kendin için yapmalısın. Onun gözünde güzel görünmek için değil, kendini özgüvenli, mutlu ve iyi hissetmek için güzelleşmeyi istemelisin.

Kendinde yaptığın her şeyin merkezinde o varsa, o halde senin özgünlüğün, gücün ve eşsiz varlığın nerede?

Kendine verdiğin değer nerede?

Her zaman biricik ol...

Önce kendini, sonra başkalarını sev. Kendini sevemeyen, başkalarını da sevemez. Sen kendini ne kadar önemsiyorsan, emin ol başkaları da seni o kadar önemsiyordur. Ne eksik, ne fazla... Sen kendine ne kadar değer veriyorsan, başkaları da sana o kadar değer veriyordur.

6. Hobilerinden asla vazgeçme. Hayatındaki insanın hobilerine ya da alışkanlıklarına göre kendi alışkanlıklarını değiştirme. O okumuyor diye kitaplarından uzaklaşamazsın. O etkinliklere katılmıyor diye, sen bu zevkinden vazgeçmemelisin. Karşındaki kişi gibi olmaya çalışmamalısın. Onun alışkanlıklarını alışkanlık edinmeye kalkışmak, birey olarak kendini hor görmen, küçümsemen, değersizleştirmendir.

Kimse için hobilerini terk etme. Zevk aldığın şeyleri yapmaya devam etmelisin. Bu senin yaşam enerjini koruyacaktır. Kendine karşı duyduğun saygıyı kuvvetlendirecektir. Yaşam enerjisi yüksek olan kadın, her zaman çekici ve vazgeçilmez bir kadındır.

7. Her zaman bir mahremin olmalı. Her zaman bir arada olmak zorunda değilsiniz. Kendi başına kalabileceğin, mahrem bir alanın olmalı. Böylece kendini daha özgür ve özgüvenli hissetmeye devam edersin.

8. Çocuğun dışında, kimseye annelik yapma. Unutma ki sen onun da annesi değilsin. Hayatındaki insana bakıma muhtaç biri gibi davranmamalısın. Tabii ki yardım edebilir, sorunlarını dinleyebilirsin ama onun adına onun sorunlarıyla savaşamazsın. Sorumluluklarını üstlenemezsin. Bir süre sonra seni annesi gibi görmeye başlayacaktır.

9. Hayatına çok müdahale etmesine izin vermemelisin. Çünkü müdahale etmenin bir sonu yok. Tabii ki erkek de, kadın da bazı noktalarda birtakım kurallara karşılıklı şekilde sadık kalmalıdırlar. Kendi aralarında bazı anlaşmaları olmalıdır. Küçük gibi görünen konularda bile sana karışmasına ve müdahale etmesine izin verirsen, bir süre sonra bunun önünü alamadığını görürsün. Taviz, tavizi doğurur. Kimsenin kölesi değilsin, kimse de senin kölen değil. Hayatının hükümdarı sensin, bu yetkiyi kimseye veremezsin. Kimse seni senin adına yönetemez. İradenin felç edilmesine izin vermemelisin. Senin güçlü yanın iradendir. Vazgeçilmez bir kadın kendinin sultanıdır.

Vazgeçilmez Erkek Olmak

YouTube kanalımda yayınladığım "Vazgeçilmez Kadın Olmak" adlı videom 1,5 milyon izlenince erkeklerden yoğun şekilde mesajlar almaya başladım.

Neden "Vazgeçilmez erkek nasıl olur?" konusu hakkında bilgi vermediğimi sordular. Bunun üzerine vazgeçilmez erkek nasıl olur konusu gündemime gelmiş oldu.

Vazgeçilmez erkek olmak, çok karmaşık ve zor bir konu değil... Kadınını mutlu edebiliyorsan, zaten onun vazgeçilmez erkeği oluyorsun.

Peki bir kadını ne mutlu eder?

Seminerlerimde bu soruyu mutlaka sorarım ve çok da ilginç cevaplar alırım. Bazı erkekler *sadakat* ya da *ilgi* diyerek soruları cevaplarken bazıları da *kredi kartı* ya da *alışveriş* diye karşılık verirler.

Aldığım cevaplar sayesinde ilişkilerinde yaşadıkları sorunları görmüş olurum aslında.

Aynı seminerde soru bana da yöneltildiğinde bir cevap verdim. Sonrasında bu cevabı bazı televizyon programlarında ve YouTube kanalımda birkaç kez tekrarladım ve büyük ilgi gören bir dosyanın da kapağını açmış oldum.

İşte kadını ne mutlu eder sorusunun cevabı:

Bir kadını mutlu etmek için onunla dost gibi dertleş onu baba gibi koru ve adam gibi sev.

Dost Gibi Dertleşmek

Dost gibi dertleşmek, karşındakini dinlemek anlamına gelir, öğretmenlik yapıp çözüm önerileri sunmak demek değildir.

Kadınlar çoğu zaman sorunlarına çözüm aramak için değil, sadece hislerini paylaşmak, yakınlaşmak, biraz deşarj olmak ve rahatlamak amacıyla da konuşmak ihtiyacı duyar.

Yol haritaları çıkarmak, çözüm önerileri sunmak, tavsiyelerde bulunmak, sürekli sözünü kesip bundan sonra neler yapabileceği hakkında ahkâm kesmek onunla dertleşmiş olmak değildir.

Bana aynı sorunla gelen kadına da erkeğe de verdiğim cevaplar farklıdır.

Örneğin ismi İsmail olan bir erkek, işyerinde yaşadığı bir sorunu kendi başına çözemediği için benden yardım almak istiyor diyelim.

İsmail bir gün işe geç gitmiş, patronu bu durumun farkında bile olmadığı halde iş arkadaşı laf arasında İsmail'in geç geldiğini duyurmuş. İsmail hem çok kızgın hem de çok kırgın. Bundan sonra ne yapması gerektiğini bilmiyor ve bana "Bu durumu kendi içimde çözemiyorum, ne yapmam gerekiyor?" diye soruyor.

Şu durumda İsmail'e verebileceğim en sağlıklı ve doğru çözüm "Git iş arkadaşınla konuş ve bunu neden yaptığını ona sor" demek olur. Çünkü İsmail'in ihtiyacı olan çözüm ve ona yardımcı olacak yöntem budur. İsmail gidip arkadaşıyla konuşarak sorunu çözer.

Aynı problemle gelen kişinin bir kadın olduğunu düşünürsek, vereceğim yanıt aynı mı olur?

Tabii ki hayır...

Diyelim ki Merve'nin de işyerinde bir sorunu var. Bir gün işe geç kaldı ve çalışma arkadaşı onu durumun farkında bile olmayan patronuna ispiyonladı. Merve de çok kızgın ve çok da kırgın. Bu durumda ne yapabileceğini soruyor bana.

Bu durumda Merve'ye İsmail'de yaptığım gibi tavsiyeler vererek sorununu çözemem.

"Bu olay ne zaman yaşandı?" diye sorarım. "Kendini nasıl hissettin Merve? Olayı biraz daha detaylı anlatır mısın? Arkadaşın sence neden böyle davranmıştır?"

Merve'yle uzun uzadıya bu konuyu konuşuruz. Daha doğrusu Merve konuşur. Ben ona sadece konuşması için fırsatlar sunarım, sorular yöneltirim. Hiç tavsiye vermem ve konuşmanın sonunda Merve bana "Seninle konuşmak çok iyi geldi, çok teşekkürler" der ve kendi çözümünü kendisi bulmuş olur. Çünkü Merve bana yardım istemek için gelmemiştir. Sadece içinden çıkamadığı bir sorun yaşıyordur, en doğru cevabı kendinde bulacağını biliyordur ancak bunun için desteklenmeye ihtiyacı vardır.

Kadınların yüzde 99'u soruyu sorarken bile aslında ne yapması gerektiğini biliyordur. Soru sormalarındaki tek amaç, duygusal yakınlık ihtiyacından kaynaklanır. İçini dökmek, dertleşmek istiyordur sadece. İyi bir dinleyici olduğunda, sevdiğin kadının derdine ortaklık etmiş olursun ki bu onu mutlu eder.

Peki ben Merve'ye de İsmail'e yaptığım gibi tavsiyeler verseydim ne olurdu?

Muhtemelen aramızda şöyle bir diyalog gerçekleşirdi:

"Merveciğim madem iş arkadaşının bir hata yaptığını düşünüyorsun, o halde gidip onunla konuş."

"Bu iyi olmayabilir."

"O zaman mail at, ya da ne bileyim git mektup yaz."

"O da çok resmi kaçar."

"O halde git başka bir arkadaşına anlat. Senin adına o konuşsun."

"Hayır, o da olmaz. Cesaretim yokmuş gibi görünürüm. Korktuğum için başkasını yolladığımı düşünür."

Ben öneriler sunmaya devam ettikçe Merve hiçbirini kabul etmeyecektir, her önerimi bertaraf ederek konuşmayı sürdürecektir. Çünkü az önce de söylediğim gibi kadınlar zaten soruyu sordukları sırada aslında ne yapacaklarını bilirler. Merve de işin sonunda ne yapacağını bildiği için, hiçbir önerimi onaylamayacaktır.

Ben konuşmaya devam edecek olursam aramızdaki diyalog gerginleşmeye başlayacaktır çünkü ona yardım edemediğimi düşünüp mutsuz bir ruh haliyle çıkıp gidecektir.

Yeri gelmişken bir örnek daha vermek isterim. Diyelim ki Eda işten çıkıp eve geldi. Bütün gün bir sürü olay yaşamış. Eşiyle de dertleşmek istiyor. Olan biteni anlatma ihtiyacı duyuyor.

"Bugün çok iş vardı" diye başlıyor konuşmasına. "Kendime vakit ayıramıyorum artık, baksana saçım başım ne halde?"

Eşi de iyi niyetli de olsa tavsiye vermeye kalkışarak Eda'ya "O halde sen de kendine başka bir iş bak, bu kadar çok çalışmana gerek yok" dedi.

Buna karşılık Eda da "Ben işimden memnunum, sadece üzerimdeki iş yükü fazla" dedi.

Eşi de yine bir tavsiye üretti ve "Sen de verilen her işi yapma. Şirkette bir sen mi varsın?" dedi.

Eda giderek gerilmeye başlıyor bu sırada.

"Şirketin bana ihtiyacı var, işlerin yetişmesi lazım" savunmasına geçti. Bu sırada bir olay daha hatırladı ve "Vakitsizlikten kuzenime doğum günü hediyesi bile alamadım" dedi.

Eşi "Bir şey olmaz" dedi. "Kuzenin ne kadar yoğun çalıştığını biliyor. Her şeyi kafana takma. Biraz rahatlamayı dene. Her şeyi umursama..."

Şimdi ne noktaya geldiler?

Eda'nın isyan noktasına...

"Sen de hiçbir şey anlatmama izin vermiyorsun. Lafı ağzıma tıkıyorsun, hemen sıkılıyorsun, sinirleniyorsun..."

Sonuç?

Tabii ki tartışma!

Buradaki sorun, erkeğin dinlemek yerine sürekli Eda'nın sözünü kesip ona çözümler üretmesi... Oysa Eda'nın çözüme ihtiyacı yok, sadece dertleşmek istiyor. Çünkü o ne yapması gerektiğini, zaten biliyor.

Eşinin ne yapması gerekirdi?

Eda yakınmaya başladığında eşinin ona kendini nasıl hissettiğini sorması, neden böyle hissettiğini anlattırması olayı daha hızlı çözüme götürecek ve Eda'nın rahatlamasını sağlayacaktır.

Kuzenine doğum günü hediyesi alamamaktan şikâyet ettiğinde eşi "Bunca koşuşturmanın içinde sevdiklerini düşünmen ne kadar güzel... İçimden sana sarılmak geldi" deseydi o evde baş başa mutlu bir akşam yemeği yemiş olurlardı.

Çünkü Eda, kendini mutlu hissedecekti. Dertleşebildiği bir adamla evli olduğunu düşünecekti. Eşinin anlayışlı bir adam olduğuna inanıyor olacaktı.

İşte bu kadar basit...

Tartışmayla sonlanacak bir sohbetin kaderini değiştirmek mümkün.

Baba Gibi Koru

Tabii ki kadınların sahip çıkılmaya ve korunmaya ihtiyacı yoktur. Kadını baba gibi korumak, şefkat göstermektir.

Babalar kızlarını şefkatleriyle korurlar. Kimsenin hayatını tahakküm altına almaya ve yönetmeye hakkın yok. Herkes kendi yaşamından sorumlu...

Kadını baba gibi korumak demek, onu himaye altına alıp güçsüzleştirmek değildir. Ona cömertçe şefkat de sunabilmektir.

Babalar kızlarına fedailik yapmazlar, onları sevgileriyle savunup desteklerler.

Adam Gibi Sev

Adam gibi sevmek güzel de kadın gibi sevmek kötü mü? Tabii ki hayır... Hatta sevmenin bir cinsiyeti de yoktur. Üstelik cümlenin içinde geçen *adam* kelimesi bile aslında *erkek* figürüne işaret etmez. *İnsan* unsuruna işaret eder.

Birincisi *adam* kelimesinin sözlük anlamı *insana yakışır biçimde* demek.

Ayrıca adam, âdemden gelir ki âdem de insan demektir. Âdemoğlu dendiğinde, insanoğlu dendiğini anlamamız da bu yüzdendir.

Mevlana'nın çok sevdiğim bir sözü vardır:

> *"Hayatta her şey olabilirsin ama mühim olan hayatın içinde insan olabilmektir."*

"Adam ol", "İnsan ol" cümlesiyle aynı manaya gelir. Yani adam gibi sev dediğimde elbette ki insana yakışır biçimde sev demek istiyorum.

Birini severken başka kadınlara ilgi duyamazsın. İyisiyle kötüsüyle kendi kadınına bağlı olduğunu unutmamalısın.

Güneş, hiçbir ilişkinin üzerinde sürekli parlamaz.
Fakat iki insan bir şemsiyeyi paylaşarak fırtınaları birlikte atlatabilir.

Paulo Coelho

Kadınını seviyorsan sahipleneceksin, sorumluluk alacaksın... Ahlak, vicdan ve merhamet sahibi olacaksın.

İşte adam gibi sevmek budur.

Bu İnsanlardan Uzak Durun!

Nerede bir aşk acısı varsa, orada narsis bir insan olma ihtimali çok yüksektir.

Narsisleri hayatına sokma!

Dengeli ilişkiler yolunda unutulmaması gereken altın kurallardan biri de budur.

Aksi halde evlilikten bahsederken bir de bakmışsınız ki ortalıkta kimse yok... Üstüne üstlük her yerden engellenmişsin, sevgiline bir türlü ulaşamıyorsun.

Kâbus!

Hatta travma...

Narsis insanların sağı solu belli olmaz. Dengeli ve sağlıklı bir ilişki yaşamak istiyorsan, dengesiz mizaçlardan uzak durman gerekir.

Narsisler, nikâh günü bile terk edebilme potansiyeline sahiptirler.

Hayallerinin enkazı altında kalman an meselesidir.

Bu yüzden tehlikeyi önceden fark etmek çok önemli...

Bir danışanım, kitabımda muhakkak asla âşık olunmaması gereken mizaçlar konusuna değinmemi önermişti. "Beni durup dururken terk eden ve hayatımın travması olan o narsis kişinin, bütün bunları yapabileceğinin farkında olmayı çok isterdim, başıma gelen hiçbir şeyi yaşamamış olurdum" dedi.

Peki, âşık olunmaması gereken mizaçları nasıl tanırız?

Hemen başlayalım:

Narsisler, kesinlikle âşık olunmaması gereken mizaçlardır.

Narsisizm, kişinin kendine tapmasıdır. Kendine âşık olan kişiye narsis diyoruz.

Kadınlara oranla erkeklerde daha sık rastladığımız karakterlerdir. Pek çok ilişki narsis erkeklerin değişime direnmeleri ve kendilerine duydukları aşktan ödün verememeleri yüzünden biter.

Narsisler, narsis olduklarını kabul etmezler.

Kendilerine hayrandırlar, onlara göre yeryüzünün en mükemmel insanları kendileridirler. Başkasının düşüncesine değil saygı duymak tahammül bile edemezler, kimsenin hakkına saygı göstermezler, daima kendilerini haklı görürler. Hep başkaları suçludur. Her zaman lider, hep en gözde ve tek olmak isterler. Empati yetenekleri neredeyse hiç yoktur. Kendilerini kesinlikle başkasının yerine koymazlar. Her şey sadece kendileri için vardır, başkasının zararına olup olmaması hiç önemli değildir. Her şeyin kendi çıkarlarına uygun olmasını tercih ederler. Kolay saldırganlaşırlar, asla eleştiri kabul etmezler, dünyanın merkezindedirler, dünya onların etrafında döner.

Kendi sorunları dünyanın en büyük sorunudur. Ucu kendilerine dokunmayacaksa dünya yansa umurlarında olmaz. Herkese kulp takarlar. Alkışlanmaktan ve övülmekten büyük haz alırlar.

Evlilikleri zordur çünkü fedakârlığı hep eşlerinden beklerler, çünkü onlar uğruna her türlü fedakârlığın yapılabileceği değerli insanlardır. Vermezler ama hep alırlar. Aşkta bile, beğenilmek için vardırlar. Başkalarının hakkını çiğnemekten çekinmezler, hatta hak çiğnediklerinin farkına bile varmazlar.

Dışarıdan bakıldığında iyi insanlar gibi görünürler. Herkes haklarında olumlu konuşur. Her durumda hep haklıdırlar. Aşkta bile onca çektirdiği eziyetleri kimse görmez, herkes tarafından onaylanırlar. Masum görünmekte üzerlerine yoktur.

Zaten biri herkesin gözünde mükemmelse dikkat etmekte fayda vardır.

Sonuçta hepimiz insanız. Zaman zaman iniş çıkışlarımız olur. Kimine iyi, kimine kusurlu görünürüz. Ne var ki herkesin gözünde kusursuz görünmeyi başarmış olanlar tehlikelidirler. Dikkatli olmak gerekir.

Narsisler her zaman haklıdırlar. Onlarla asla tartışmaya girilmez. İşin doğrusunu her zaman onlar bilir. Beyaz kâğıda "Bu siyahtır" diyebilirler. Siz ne kadar beyaz deseniz de hiçbir şekilde ikna olmazlar.

Yaptıkları hataların sorumluluğunu üstlenmezler. Suçlarını kabul etmezler. Sorumluluk almak mizaçlarına terstir. Bu yüzden hep başkalarını suçlarlar. Suçüstü yakalansalar bile, suçlu çıkmazlar.

Başarısız olduklarında bile başkalarını suçlarlar. Büyük ihtimalle eşleri ya da sevgilileri suçludur, ya dırdır etmişlerdir, ya destek olmamışlardır, ya moralini bozup durmuşlardır.

Çok karikatürize duruyor, farkındayım ama hakikat bu...

Narsisler, haklı çıkmanın bir yolunu her zaman bulurlar.

Fark ettirmeden maniple etmesini bilirler. Sürekli eleştirirler ama kendileri eleştirilemezler. Başkalarını aptal yerine koymakta ustadırlar.

Daima kendileriyle ilgilenilsin isterler. Her derdine koşulsuzca koşup gelinsin isterler. Sürekli yardım beklerler. Kimseye yardım etmezler.

Herkesten çok üstün olduklarına inanırlar, kendilerine taparlar. Fazla iniş çıkışlıdırlar. Birdenbire parlayabilirler. Genelde uysal bir kedi gibi görünürler.

Başkasını dinleme huyları yoktur. Saatlerce susmadan kendilerinden söz edebilirler.

En yakınlarını bile aşağılamaktan çekinmezler, hatta bundan çok hoşlanırlar. Her zaman kendi bildiğini okuyan ve karşıt görüşlü kişileri ezme eğilimi gösteren bu kişiler, gerçekten de kırıcı davranırlar.

Dünyanın yedi harikasına bakarken bile kusur bulmayı başarırlar. Kendileri dışında her eşsiz eserin içinde bile muhakkak bir kusur vardır.

Tekliflerinin reddedilmesine asla tahammülleri yoktur. Buna karşılık kimsenin teklifini kabul etmezler.

Bu mizaç sana tanıdık mı geliyor?

Hayatındaki insanda bunlara benzer özellikler mi yakaladın?

O halde bir kez daha düşün.

Bir ömür birlikte olmayı hayal ettiğin kişi, hayallerinin katili olabilir. İhtiyatlı davranmakta fayda var.

Bütün bu saydıklarıma karşılık şunu da söylemek zorundayım ki, kendilerine tapan narsislerin içinde büyük bir eziklik duygusu vardır.

Duygusal eziklikleri onarabilmek için dünyanın en çekilmez insanı olmayı göze alırlar.

Kişiliklerindeki eksikliklerle yüzleşmek yerine, başkalarının eksikliklerini kendilerine malzeme ederek can sıkarlar, kalp kırarlar.

Bu zor mizaçlı insanlardan uzak durmanı öneririm.

Oldu da böylesi birine denk geldin. Hatta seni kırmasına ve yaralamasına da izin verdin diyelim. Halihazırda bu yüzden acı çekmeye de devam ediyorsun.

O halde bir narsisin arkasında bıraktığı enkazı nasıl onarabileceğini bilimsel bir yolla açıklayacağım sana.

Onu Nasıl Unuturum, Aşk Acısından Nasıl Kurtulurum?

Herkesin muhakkak dünyaya bakışını bile değiştirecek kadar kuvvetli bir aşk acısı olmuştur.

Kimi belki iyileşmiştir, kimi hâlâ hasarlıdır.

Atlatamadığı aşk acısı travması yüzünden yeni deneyimlere fırsat vermekte önyargılı davranıyordur.

Aşağıdaki yazıda öncelikle neden aşk acısı çektiğimizin cevabını veriyor olacağım. Sonrasında beynimizin çalışma ilkelerini temel alarak aşk acısından nasıl kurtulabileceğimizin yollarını anlatacağım.

"Her trajedi; diğer elinde bir hediye ile beraber gelir...
Ama genellikle acı çekmekle öylesine meşgul oluruz ki
Hediyenin farkına bile varamayız.
O da geldiği gibi yitip gider..."

– Kızılderili Atasözü

Neden aşk acısı çekeriz?

Çünkü aşk, beraberinde sahiplenmeyi getirir ve sahip olduğumuz şeyleri kaybetmek acı verir.

Âşık olduğumuzda sevdiğimiz kişiyi öyle sahipleniriz ki, ayrılık demek bir bakıma ölüm demektir.

Sevgiliden mahrum kalmak ölüm acısı kadar yıkıcıdır.

Aşk, tıpkı sigara ya da bağımlılık yaratan maddeler gibi yoksunluk durumunda acı verir.

Aşka verilen emeklerin boşa çıkması da büyük hayal kırıklığına neden olur. Aşkta kaybetmek, çok zaman onur kırıcı gelir. Kimse başaramadığı gerçeğiyle yüzleşmekten hoşlanmaz. Başarısız görünmek korkusu yüzünden ayrıldığını en yakın arkadaşlarına bile söyleyemeyen insanlar var...

Aşk acısı ne kadar sürer?

Aşk acısının ömrü, sevginin gücüyle doğru orantılıdır. Ayrılık acısıyla ne kadar mücadele edeceğin onu ne kadar sevdiğine ve duygusal olarak toparlanma becerine bağlıdır.

Sonuçta ayrılık acısını bir haftada atlatanlar da var beş yılda atlatamayanlar da...

Aşk acısından kurtulmanın yolları

Unutmak için çabalamak, daha fazla hatırlamaya neden olur. Bu yüzden mücadeleye gerek yok. Daha ılımlı ve makul yöntemler var.

Hafızamız, çağrışmalı bellek yasasına göre çalışır. Teknik olarak bir insanı unutabilmenin en hızlı yolu onu çağrıştıracak, hatırlatacak, anımsatacak her şeyi yok etmektir.

Ona ait eşyalar, fotoğraflar ya da hatırası olan objeler karşına her çıktığında duyguların yeniden canlanır ve doğal olarak acı çekmeye başlarsın.

Bireysel seanslarımda aşk acısı çektiğini söyleyenlere sorduğum başlıca sorular şunlardır:

"Onu hâlâ Facebook, Twitter, Instagram gibi sosyal medya hesaplarından takip ediyor musun?"

Etme!

"Sana aldığı hediyeleri, fotoğrafları, eşyaları hâlâ tutuyor musun?"

Tutma!

"Yolladığı mailleri, telefon mesajlarını tekrar tekrar okuyor musun?"

Okuma, hemen sil!

"Arkadaşlarının davetlerini geri çevirip, kendini eve mi kapatıyorsun?"

Kapatma!

Kendine sürekli "Bu ilişki neden bitti?" diye sorup duruyor musun?

Sorma!

Bütün bunlara itiraz edebilirsin.

Sevgilinin eşyalarını atmak istemiyor olabilirsin. Sevgilini unutamadığın için evden taşınmak zor da geliyor olabilir.

Tabii ki bütün eşyaları atmak ya da onunla yaşadığın evden taşınmak zorunda değilsin.

Bu sadece hızlı bir unutma yoluydu...

İşi ağırdan almak da mümkün...

"Eşyaları atamıyorsam, evden de taşınamıyorsam aşk acısı çekmeye mahkûm muyum?"

Güzel bir haber ister misin?

Hayır...

Aşk acısına mahkûm değilsin.

Hatırlarsan vazgeçilmez kadın olmanın yollarını anlatırken psikolojideki hedonik adaptasyon kavramından bahsetmiştim.

Zaman içinde her şeye alışılabileceğinden söz etmiştim.

Alışma sürecini hızlandıracak birtakım faktörler var.

Mesela onunla gittiğin sinemalara ya da kafelere tek başına gitme. En az 10 ya da 15 kez muhakkak seni mutlu edecek arkadaşlarınla birlikte gitmeyi dene. Böylece beynin, içinde yeni görüntülerin hapsolduğu yeni nöral ağlar kurarak, eski resimleri yenisiyle değiştirecektir. O sinema salonlarını ve kafeleri yeni görüntülerle özdeşleştirmeye başlayacaktır.

Birlikte yaşadığınız evden taşınma imkânın yoksa, özellikle ilk zamanlarda evde tek başına kalma. Arkadaşlarını davet et ve onlarla keyifli saatler geçirmeye çalış. Eğlenceli filmler izleyip, sessiz sinema ya da tabu gibi keyifli oyunlar oynayın.

Beynin, evin kodlarını değiştirmeye başlasın, eski görüntülerin yerine yeni görüntülerden yepyeni bir algı örüntüsü kursun.

Ayrıca mobilyaları yenilemek ve evin düzenini değiştirmek de faydalı olacaktır.

Istırabın sonu yok sanma, bu âlem de geçer
Ömr-i fani gibidir, gün de geçer, dem de geçer.

– Neyzen Tevfik

Elveda aşk acısı

1. Geçer

Aşk acısı geçer... Her şeyden önce bunu bilmelisin. Hiçbir acı ilk günkü şiddetiyle kalmaz. İnsanoğlu her şeyi unutur ve hiçbir acı boşuna çekilmez.

Eğer yaşadığın acının içindeki hediyeyi görmeyi seçersen, hiçbir şeyin boş yere olmadığını görür, öğrendiklerinle büyürsün.

Bir Kızılderili atasözü der ki: "Her trajedi elinde bir hediyeyle gelir insana. Fakat bu sırada acı çekmekle öylesine meşgul oluruz ki hediyenin farkına bile varamayız, geldiği gibi yitip gider."

İsviçreli Psikiyatr Elizabeth Kubler'ın "Yasın Aşamaları" adlı bir teorisi vardır. Bu teoriye göre her acı geçicidir:

İnkâr

İlk aşamada acı inkâr edilir. Kimse başına gelen trajediyi hemen kabullenmez, yok sayar. Her şeyin hemen geçeceğine, eski düzenine derhal döneceğine inanır.

Özellikle terk edilen taraf, ayrılığı hemen kabullenemez. İlişki devam ediyormuş gibi davranmaya devam eder. Düzenli şekilde arar, mesaj atar, karşısına çıkar.

Arkadaşları ona ilişkisinin bittiğini hatırlatsa bile inkâr eder. Arkadaşları ısrarla hatırlatmaya devam ettiği takdirde onlarla görüşmeyi de keser. Kafasındaki soru işaretlerini, böylece erteler.

Öfke ve kızgınlık

Aşk acısı çeken kişi, inkâr aşamasından sonra yaşadığı travmayla kavga etmeye başlar.

Ona bu acıyı çektirene karşı öfkeyle doludur.

"Bana bunu neden yaptı?"

"Neden gitti?"

"Ben aptal mıyım?"

"Beni neden kullandı?"

"Ben bunu hak edecek ne yaptım?"

"Beni neden aldattı?"

"Neden terk edildim?"

İşte bütün bu soruları kendine sürekli sorar ve içinde kavga eder. Ya kendini ya da onu suçlayıp durur.

Sorgulama

Sorgulama aşamasında genelde depresyon tetiklenir. Artık onu geri kazanamayacağını anlıyordur. Ayrılığı henüz kabul etmese de kendince sorular sorup cevaplar arayarak olan biteni anlamlandırmaya çalışıyordur.

Bu üçüncü aşama bir durgunluk dönemidir.

Bundan sonra ne yapması gerektiğini düşünerek, kendince çözümler bulmaya çalışır.

"Bir çıkış yolu bulabilir miyim?"

"Ayrılık acısından kurtulabilir miyim?"

Bu sorulara kesin ve net karşılıklar bulamadığı sürece depresif tepkiler göstermeye başlar.

Artık her şeyin farkındadır ve büyük bir mutsuzluk yaşamaktadır. Canı hiçbir şey yapmak istemez. Arkadaşlarıyla görüşmekten kaçınır. Acısıyla yüzleşmiş olsa da içten içe kaybettiği her şeyi geri kazanma arzusu duyar.

Değiştiremediği şartlar yüzünden depresyondadır ve hayattan hiç zevk almıyordur.

Kabullenme

Bu süreçte acıyı da ayrılığı da kabullenmiştir artık. Acı hissi sürüp gitse de değiştiremeyeceği şartlar için boş yere ümit edip durmaktan ve kendiyle savaşmaktan vazgeçer.

Psikiyatr Kubler'e göre kabullenme sürecine 3 ile 6 ay arasında geçilebiliyor.

6 aydan uzun süren ayrılık acısı sorununu ciddiye almak ve psikolojik destek istemek gerekir.

2. Sosyalleş

Ayrılık acısı yaşarken sosyalleşmek içinden gelmese de kendini ikna et ve dışarı çık. Yeni insanlarla tanışmayı dene. Sosyalleşme fırsatlarını geri çevirme. İlgini ve dikkatini başka yönlere çevir. İlgin dağıldıkça duygu durumun da değişmeye başlayacaktır.

3. Yeni bir hobi edin

Kendine yeni bir hobi edin. Onunlayken yapamadığın bir aktivite olabilir ya da sana onu hatırlatmayacak herhangi bir uğraş bul.

Mümkünse sosyal etkileşimli bir hobi bul ki, hem daha çok eğlen hem de başkalarıyla daha fazla etkileşimde bulunabil.

Mesela bir ebru kursuna yazılmaktansa, tiyatro kursuna ya da dansa başlamanı tavsiye ederim.

Yazarlık eğitimine gitmektense ahşap oyma veya cam işleme kursunu tercih edebilirsin.

4. Yeni arkadaşlar edin

İnternetin en güzel nimetlerinden biri, seninle aynı hobileri, aynı fikirleri ve yaşam biçimlerini tercih eden insanlara ulaşabilmektir.

Peki bunu nasıl yapacaksın?

Mesela forumlara ya da gruplara katılabilirsin. Twitter ya da Tumblr gibi paylaşım sitelerinde etiketli aramalar yaparak ilgini çekebilecek bütün topluluklara ulaşabilirsin. Emin ol, aynı frekanstaki insanlarla sohbet etmek, sana çok iyi gelecektir.

5. Oku, oku, oku

Yediklerin nasıl bedenini besliyorsa, okudukların ve izlediklerin de zihnini ve duygularını besler.

Bolca okumanı öneririm.

Dünya üzerinde aşk acısıyla baş etmeyi öğrenmiş ve bunu paylaşmış binlerce kişinin kitaplarını, yazılarını, yayınlarını oku.

Seni anlamayacak ve ne hissettiğini bilmeyecek kişilerden tavsiye beklemektense uzmanların kitaplarından yararlanabilirsin.

Bir gün Nasreddin Hoca damdan düşünce etraftakiler hemen sarıvermiş etrafını. "Yardım edelim hocam" demişler. Nasreddin Hoca da "Siz bana damdan düşen birini bulun, bana ancak o yardım edebilir" diye karşılık vermiş.

Tecrübe çok önemlidir. Seninle aynı sorunu yaşamış ve çözmüş birilerinin tecrübelerinden yararlanmak seni hızla iyiye, ileriye götürür.

6. Hayatını sorgula

Kendini sorgulamayı ihmal etme. Sana, senden güçlü bir rehber daha yok. Aradığın soruların cevabını kendinde ara.

"Ben neden bu kadar çok acı çekiyorum?"

"Kendimde eksik olan ne?"

"Kendimi yetersiz mi hissediyorum?"

"Kendimi neden değersiz hissediyorum?"

Çektiğimiz acılar sorunlarımızı fark etmemizi sağlar. Anthony Robbins'e göre, "Duygularımız harekete geçmemiz için otomatik olarak devreye giren sinyallerdir."

Nasıl ki vücudumuzda hissettiğimiz bir ağrı, bize hastalıkların sinyalini veriyorsa, yaşadığımız acı dolu duygular da bir şeylerin ters gittiği sinyalini verir.

Alınan sinyalleri dikkate alıp, kendimizi değiştirme yoluna gitmeliyiz. Acı varsa, değişim bir ihtiyaçtır.

7. Kullandığın kelimelere ve yorumlama biçimine dikkat et

Duygularımızı belirleyen şey olaylara verdiğimiz anlamdır. Sen evdesin ve arkadaşın saat 19.00'da geleceğini söyledi. Baktın saat 19.30 ve telefonu kapalı.

Ne düşünürsünüz?

1. *"Ne sorumsuz bir insan, telefon bile etmedi. Şarjı bitmiş olsa bile başkasından arayabilirdi."*

Bu düşünce şekli seni gerer, gerdikçe öfkelendirir ve arkadaşına karşı seni kışkırtır. Eve geldiğinde muhtemelen tartışırsınız.

2. *"Acaba başına bir şey mi geldi? Telefonu da kapalı... İnşallah sağ salim gelir."*

Bu düşünce şekli, arkadaşına karşı özlem ve şefkat duymanı sağlar. Üzülürsün, endişelenirsin, onu kaybetme korkusu hissedersin, eve geldiğinde muhtemelen arkadaşına kocaman sarılırsın.

3. *"Gecikmesinin mutlaka bir nedeni vardır, normal şartlarda böyle bir şey yapmaz. Herhalde trafiğe takıldı."*

Bu düşünce şekli, duygu durumunu bozmadan beklemeye devam etmene yardımcı olur.

Gördüğün gibi aynı olaya üç farklı anlam yüklemek ve üç farklı duygu durumu oluşturmak mümkün...

Olaylara ve durumlara bu farklı anlamları yükleyen kim?

Tabii ki biz...

Bu da demek oluyor ki, kendi psikolojimizi kontrol edebilir ve yaşadığımız olaylara istediğimiz anlamı verebiliriz.

Tabii ki hayatı kontrol edemeyiz ama olaylara vereceğimiz tepkilere kendimiz karar verebiliriz.

Bir ilişki bittiğinde, "Beni terk etti..." "Hiç anlaşamıyorduk..." "Beni kullandı..." "Duygularımla oynadı..." gibi olumsuz düşünce şekilleri geliştirmek yerine "Uyuşamadık, ayrıldık..." demek hem seni rahatlatır hem de yaşadıklarına yüklediğin anlam değişir. Aşk acısının anlamı değişirse, acıya verdiğin tepki de değişir.

8. Depresif eylemlerden kaçın

Ayrılık acısı sürecinde depresif müzikler dinleme. Depresif filmler izleme. Depresif insanlarla konuşmaktan kaçın.

Yaranı kaşıyacak her veriden uzak dur. Sen kurtulmaya çalıştıkça başını acının denizine bastırıp seni boğmaya devam edecek her şeyden kendini koru.

Bu süreçte daha seçici, daha dikkatli olmanda fayda var.

Yaran kabuk bağladıkça tırnaklanmaya devam ederse, acıların derinleşir.

9. Geçmişin en güzel yanı, geçmiş olmasıdır

İki sufi, yabani bitki toplamak için dergâhtan ayrılır ve ormanın derinliklerine doğru ilerler. Mevsim bahardır ve tüm doğa canlıdır.

Sufiler, bitkileri toplayıp ilerlemeye devam ederlerken karşılarına bir kadın çıkar. Kadın, dağdan gelen kar sularıyla kabarmış olan nehirden karşıya geçecek bir yol bulmakta zorlanıyordur.

Sufilerden biri gelir ve kadını sırtına alıp nehrin sığ tarafından onu karşıya geçirir.

Geri döndüğünde arkadaşının yaptığını onaylamayan soğuk gözlerle baktığını fark eder. Bir sufinin eğitim süreci aşamasında bir kadını sırtına almaması gerektiğini söyler. "Yaptığını doğru bulmadım" der.

Yol boyunca bu konu tartışılıp durmuştur. Arkadaşını onaylamayan sufi, belki saatlerce bunu neden yaptığını sorgulamaya devam etmiştir.

Hava karardığında dergâha girdikleri sırada konu hâlâ değişmemiştir. "Sen o kadını nasıl sırtına alırsın? Sen bir sufisin."

Sonunda kadını nehirden geçiren sufi durup arkadaşına bakar ve "Sevgili kardeşim..." der. "Ben kadını sırtıma aldım, nehrin karşı kıyısına geçirdim ve sırtımdan indirdim. Ve orada bıraktım. Lakin sen hâlâ o kadını taşımaya devam ediyorsun."

Geçmiş, artık geçmiştir.

Onu canlı tutmaya çalışmanın, anılarla ve düşüncelerle beslemenin en ufak bir yararı olmadığı gibi yorucu bir yanı da vardır.

O yükü taşıma ve bırak artık.

Aşk acısının yararları

Aşk mutluluk kadar acı da verir, çünkü aşk sen istesen de istemesen de değişime yol açar. Ve değişim hem acılı, hem sancılı bir süreçtir.

Değişim bilinmezliktir, belirsizliktir ve biz bilinmezlikten korkarız. Değişim geçmişi geride bırakmak demektir. Yeni başlangıçlardır. Oysaki bilinçaltı, geçmiş kötü de olsa onunla yaşamayı öğrenmiştir.

Geçmişte yaşanan acılarla baş etmenin yolunu bulmuştur. Kendince bir düzen geliştirmiştir.

Fakat belirsiz olan, bilinmeyen mutluluk ihtimali bile tedirgin edicidir. Beyin mutluluk ve haz ihtimali içerse bile belirsizliğe karşı güçlü bir savunma mekanizması geliştirir.

Bu yüzden acımız büyür ve korku ortaya çıkar.

Yumurtasından çıkan kuş da aynı acıyı duyar. Karşılığında gökyüzünde özgürce süzülecek olmayı vaat eden yumurtadan çıkışı kolay olmaz. Bildiği o hareketsiz, sıcak ve durağan yeri terk etmekte direnir ve acı çeker.

Kabuğunun esaretinden kurtulup özgürlüğe kanat açacak olması, bilineni terk edip bilinmeyene bir yolculuktur aslında. Bu yüzden kabuğu kırıldığında çok korkar.

İnsan bilmediği cenneti yaşamaktansa,
bildiği cehennemi yaşamayı tercih edermiş.

Aynı şekilde sonlanan bir aşk da seni bir bilinmeyene doğru değişmeye zorlayacaktır. Korkabilir, üzülebilir, acılar çekebilir, değişime direnebilirsin.

Bu değişim, seni başkalaştıracak, senden yeni bir sen ortaya çıkartacaktır. Ne var ki acı olmadan zevk de olmaz. Altını saf hale getirmek istersen onu ateşten geçirmek icap eder.

Elmas, baskı altında değer kazanan bir kömür parçasıdır.

Aşk ateştir.

Danışanlarımın çoğu, aşk acısı yüzünden aşksız bir hayat yaşamayı tercih ediyor. Aşktan kaçıyor ve hayatına girmesine izin vermiyor. Bu kez de hayatlarında aşk olmadığı için acı çekiyorlar ama boşuna. Oysa aşk için çekilen hiçbir acı boşuna değildir. Aşk acısı, insanı daha üstün bir bilinç düzeyine taşır.

Aşksız yaşayan insan egoisttir, narsistir, dışarıya kapalıdır. Sadece kendini tanır.

Kendinden başkasını tanımayan birinin başkasını tanımasını bekleyebilir misin?

Hayır...

Ancak bir başkası diğerine aynalık edebilir. Başkasını tanımadan kendini tanıyamazsın. Aşk kendini tanımak konusunda en etkili ve doğru yollardan biridir. Bir başkasını derin aşkla sevmeyen, yoğun tutku hissetmeyen, zevkin doruklarına çıkmayan, bunları hiç tanımayan insan, kendini de bilemez çünkü kendi yansımasını görecek bir aynası olmamıştır hiç.

İlişkin senin aynandır.

Karşındaki insan sana, seni gösterir. Suçu kimsede arama. Kime gidersen git bütün aynalar daima seni gösterecektir.

İlişki bir aynadır ve aşk ne kadar temizse ve ne kadar yüceyse, ayna da o kadar temiz ve güzeldir.

Karşındaki insanda gördüğün kendi yansımanı çirkin bulabilir ve o aynadan uzaklaşmak isteyebilirsin. Yine de aynadan uzaklaşmak seni güzelleştirmeyecektir. Kaçarak değişemezsin. Zorlukları yaşaman gerekir. Değişimi kabul etmelisin.

"Kendini bırakma, aptal olma. Kendini değersiz gösterme. Ona bu kadar yüz verme, üzerine çok düşme. Bu kadar fazla mesaj yazma. Bu kadar çok arama. Bu kadar çok sevme."

İşte bunların hepsini benliğin söyler. Bu komplekslerden kurtulmadıkça onunla aynı frekansta buluşman mümkün değil...

Aşktan korkmak, aşkın doğum sancılarını çekmekten kaçınmak, doğurmadan anne olmayı dilemek gibidir.

İki tür acı vardır:

1. Geliştiren acı

2. Gereksiz acı

Aşk acısı çekmemek için aşktan kaçtığında daha az acı çekersin ama bu gereksiz yere çekilmiş bir acı olur ve gelişimine zerre kadar katkısı yoktur.

Ne kadar acı da olsa insanın aşka adım atmaya cesareti olmalı. Bu dünyaya gerçek bir yaşam ustası olmaya gelmiş her ruh, aşkın ateşine gönüllü atar kendini. Gerisi oyalanmaktır sadece. Gelirler ve dünya âleminden geçip giderler.

Aşktan kaçmak kendi boşluğunla baş başa kalmaktır ki sen boşuna değilsin, olamazsın.

Acıdan kaçarak, yolculuk yapamazsın bu âlemde. Hayat durur, akmaz. Oysa sürekli akan su temizdir, durgun sular yosunlu ve pistir.

Aşk acı verir, ama bundan kaçma. Gelişmen yolunda karşına çıkmış bu en değerli fırsatları erteleme.

Bırak acı olsun, ıstırap çek. Her karanlık geceden sonra nasılsa gün doğar.

Kimsenin kölesi olma

Elbette kimsenin kölesi olma. Aşk kaynağını karşındaki insanmış gibi algılama. O sevginin de, aşkın da kaynağı değil, sadece bir aracı...

Aşkın kaynağı birdir.

Sonsuz olan, ezeli ve bedeni olandır.

Bu yüzden hayatındaki insan bir gün çekip gittiğinde, aşk bitmez. Sen izin verdiğin sürece aşk da sevgi de karşına çıkmaya ve seni beslemeye devam edecektir.

Aşkın kaynağını bir kadın ya da bir erkek zannederek boş ve gereksiz acılar çekme. Bu bir tuzaktır. Başkasına köle olur gidersin.

Sevginin kaynağının kim olduğunu bil. Hayatından çekip gidenler için üzülme. Belki de Allah seni korumak için gitmelerine izin vermiştir. Bunu bilemezsin.

Merak etme, karşına doğru zamanda, doğru yerde, doğru insanlar çıkacaktır. Sana acı vereni tutmayı bırak. Acının geldiği yöne bakma. Acıyı tuttuğun sürece, doğru ve hayırlı olanı göremeyeceksin.

En güzelinin değil, en hayırlısının olması dileğiyle...

Ne Kadar Fedakârsın? (TEST)

Fedakâr olmak

Hatırlarsan "Yaşam bir denge sanatıdır" demiştim. İlişkilerde denge, ruhaniyette denge, beslenmede denge, maddiyatta denge...

Bunlardan birinin fazla ya da az olması, düzeni bozduğu gibi ıstırabı, depresyonu, sağlıksızlığı, mutsuzluğu, isyanı, kaybolmayı, yalnızlaşmayı, çıkmaza düşmeyi, buhrana sürüklenmeyi başlatır.

Elbette fedakârlık da denge sanatına dahildir.

Bu konu hakkında açıklama yazmaya geçmeden önce senin ne kadar fedakâr bir insan olduğunu anlamak için küçük bir test yapalım...

1. Ailenden yeteri kadar sevgi görmediğini düşünüyor musun?

a) Evet

b) Hayır

2. Birlikte olduğun insanların iş ya da kişisel sorunlarını o yardım istemeden mi çözüyorsun?

a) Evet

b) Hayır

3. Genellikle ulaşılmaz ve zor kişilere mi ilgi duyuyorsun?

a) Evet

b) Hayır

4. Terk edilmekten korktuğun için sevgin bitse bile ayrılmamak için elinden geleni yapıyor musun?

a) Evet

b) Hayır

5. Sevdiğinin ihtiyacı varsa, ona harcayacağın zaman, para ya da emek önemsizleşiyor mu?

a) Evet

b) Hayır

6. İlişkinde sevgi yoksunluğu çekmene rağmen hâlâ her şeyin düzeleceğine, sorunların bir gün kendiliğinden çözüleceğine inanıyor musun?

a) Evet
b) Hayır

7. İlişkindeki sorunların kaynağı olarak hep kendini mi görüyorsun, problemler için sürekli kendini mi suçluyorsun?

a) Evet
b) Hayır

8. Kendini özgüvensiz bulduğun anlar var mı?

a) Evet
b) Hayır

9. Hayatındaki insanı sürekli kontrolün altında mı tutmak istiyorsun?

a) Evet
b) Hayır

10. İlişkinde gerçekleri görmek yerine hayalindeki ideal ilişkiye kavuşmayı mı umuyorsun?

a) Evet

b) Hayır

11. Aranızdaki kavgalardan ya da tartışmalardan küçük de olsa haz duymaya başladın mı?

a) Evet

b) Hayır

12. Problemlerine çözüm bekleyen insanlar, sende onlara yardım etme isteği uyandırıyor mu?

a) Evet

b) Hayır

13. İnişli çıkışlı bir ilişki yaşamaktan içten içe hoşlanıyor olabilir misin?

a) Evet

b) Hayır

14. Tehlikesiz, risksiz, zorlamayan, ideal sevgili adaylarını çekici bulmuyor musun?

a) Evet

b) Hayır

15. Mutlu olmayı ve sevilmeyi hak etmediğini düşündüğün anlar var mı?

a) Evet

b) Hayır

16. Sözde yardımcı olmak amacıyla hayatındaki insanları ve yaşanan olayları kontrolün altında tutmayı istediğin zamanlar var mı?

a) Evet

b) Hayır

17. Acılarınla yüzleşmekten kaçıyor musun?

a) Evet

b) Hayır

18) Hayatındaki insanın sorunları, senin sorunlarından önce mi gelir?

a) Evet

b) Hayır

Değerlendirme

0-5 soruya "evet" cevabı verenler: Fedakârlık seviyen ideal düzeyde. Zaman zaman ipin ucunu kaçıracak noktaya gelsen de ciddiye alınması gereken bir sorun yok ortada. Sonuçta hepimiz insanız. Hayat inişli çıkışlı bir süre... Ara sıra ipin ucunun kaçtığı fedakârlıklar söz konusu olabilir.

5-10 soruya "evet" cevabı verenler: Fedakârlık düzeyin sınırda. Tehlike çanları çaldı çalacak. Bazen fazlasıyla fedakârsın. Neyse ki zamanında fark edebiliyorsun ve önlemlerini alabiliyorsun. Yine de dikkatli olmanda fayda var. Gün içinde duygusal iniş çıkışlar yaşıyorsun. Kendini neden böyle hissettiğini sorgulamanı tavsiye ederim. Etrafındaki insanların sorunlarına karşı duyarlı olman çok hoş... Fakat öncelik sıralamanı doğru yapmak zorundasın. "Önce ben" demeyi öğrenmelisin. Kendi sorunlarını görmezden gelerek başkalarının sorunlarına odaklandığında uzun vadede kişiliğini, değerini ve özgüvenini örselemiş olursun. Kendini de düşünmek zorundasın. Unutma, oksijen maskesini önce kendine takacaksın ki etrafındaki insanlara da faydan dokunabilsin.

10-14 soruya "evet" cevabı verenler: Herkesi sevmeyi başarmışsın. Herkesin sorunlarına koşabiliyor, çareler arayabiliyorsun. Şu dünyada herkes senin için çok önemli, bir kişi hariç!

Kendin...

Sadece kendini sevmeyi başaramamışsın. Kendini önemsemeyi hep ihmal etmişsin ya da aklına bile gelmemiş.

Önceliğin hep başkaları... Başkalarının senin hakkındaki düşüncelerinden fazla etkileniyorsun.

Duygu durumundaki ani değişimler, hem ilişkini hem de günlük hayatını fazla etkiliyor. Bazen dışadönük sosyal bir insanken bazen dışarı çıkmak bile istemiyorsun. Ruh halin çok hızlı değişiyor ve kendi kontrolün dışında değişiyor.

Sorunlu insanlar hep seni buluyor. Güzel başlayan ilişkilerin, bir zaman sonra yıpranıyor, sorunlar peş peşe geliyor. Hep birbirinin aynı insanlarla karşılaştığını düşünüyorsun. İyi bir dert dinleyicisin ama seni dinleyen yok.

Fedakârlık senin görevin haline gelmiş. Biri için bir şey yapmadığında suçlanıyor ya da dışlanıyorsun. Kendini feda ederek yaşamak, karakterine dönüşmüş.

Hayatın boyunca saçını süpürge etmekten ama karşılığını bir türlü alamamaktan yakındın. Hep sen verdin, hep sen çabaladın, hep sen zorda kaldın, hep sen elini taşın altına koydun ama karşılığında ne beklediğin gibi sevildin, ne de onaylandın...

15-18 soruya "evet" cevabı verenler: Mutlaka psikolojik destek almanı öneririm. Fedakârlık düzeyin fazlasıyla yüksek. Giderek kendini yitiriyorsun. Bu yapın yüzünden kalıcı zararlar görebilirsin. Kitaptaki manevi bilgiler ve egzersizler de sana yardımcı olacaktır. Mutlaka uygulamanı isterim.

Lütfen önce kendini düşün. "Önce ben" demek bencillik etmek değildir. Oksijen maskesini önce kendine takman demektir.

Önce kendi sorunlarına, kendi isteklerine, kendi ihtiyaçlarına, kendi zevklerine odaklan. Kendine değer ver. Özgüvenini yitirme.

Bu hayata bir kez geliyorsun, ıskalama. Kaçıp giden fırsatların arkasından bakıp kalma. Sağlıklı bir denge yakalamak zorundasın. Sevgi ve yardımlaşma dolu, paylaşımcı bir hayat sürebilmen için önce kendine yardım edebiliyor olmalısın ki başkalarına da faydan olabilsin. Sevgiyi de, ilgiyi de, değeri de önce kendine borçlusun.

Mutlu İlişkilerin Sırrı

Kadınlar anlaşılmak için değil, yaşanmak için varlar. Eğer yaşanacak bir kadın bulduysan, onu anlamak için vakit kaybetme.

Erkekleri anlamak çok zor değil mi?

Kadınların büyük çoğunluğu erkekleri anlayamadıklarını, erkeklerin büyük çoğunluğu da kadınları anlamanın imkânsız olduğunu söylüyor.

Peki, tam da bu noktada bir şey sormak istiyorum:

Birbirimizi anlamak zorunda mıyız?

Birbirimizi her konuda anlama zorunluluğumuz yok. Anlamak, asli görevlerimizden biri değil...

Birbirimize saygı duymamız kâfi...

Her konuda aynı düşünmemiz mümkün değil. Zaten hayatın güzelliği de çok renkliliğinde ve çoksesliliğinde değil mi?

O halde her fikrin içimizde bir karşılığını aramaya gerek yok.

Kimse diğerinin yarısı olmaya çalışmasın. Muazzam bir bütünlük aramıyoruz. Elmanın diğer yarısını bulmanın derdinde değiliz. Yeryüzünde sekiz milyar insan yaşıyor. Elmanın yarısının peşinde koşarak vakit harcamak çok anlamsız... İki farklı ve özgün insanın bir araya geldiğinde bambaşka bir denge oluşturacağına neden inanmak istemiyorsun?

İki ayrı çiçek olalım, birleşince buket olalım. Beyaz bir gül ile kırmızı bir gülü aynı vazonun içinde yan yana düşünsene... Eşsiz bir güzellik, eşsiz bir çeşitlilik, seyirlik bir manzara değil mi?

İki ayrı çiçek, yan yana geldiğinde nefis bir buket olabilir.

Karşındaki insanı olduğu gibi kabul et, onu değiştirmeye çalışma. Onu olduğu gibi kabul etmeme hakkın da var ama değiştirme hakkın yok. Birini değiştirmek yorucu olduğu gibi imkânsızdır da. Harcadığın zamana yanarsın.

Kimseyi değiştirmek amacıyla çıkma yola. "Onu bu haliyle sevmeye devam edebilir miyim?" diye sor sadece...

İnsanlar değişmez demiyorum. Mesela ben de yaşam yolculuğum içinde çok değiştim, çok büyüdüm ve değişerek büyümeye devam ediyorum. Verdiğim danışmanlık hizmetlerimde başkalarının değişim süreçlerine de katkılarım oldu. Fakat değişim, kişiseldir. Herkes ancak isterse değişir. Birini zorla değiştirmeye çalışmak, bu yüzden boş bir çabadır.

Yapabileceğin en iyi şey kendini değiştirmek...
Senin gönlün değişirse, dünya da değişir.
Düşüncen değişirse, eylemlerin de değişir,
verdiğin enerji de... Böylece hayatını da
değiştirmeye başlamış olursun.

Bu söylediğime inan... Yüzlerce kez tanık oldum. Sadece niyet et ve yoluna devam et. *Kader niyete âşıktır, çektiğin zahmet bir gün rahmet olur.*

Bu yüzden zor zamanlarında da sabret. Eğer bir niyetin ve yeterince sabrın varsa yol sana zaten açılacaktır.

Kitabın ilerleyen bölümlerinde sevdiğimiz insanı kendimize nasıl çekebileceğimizi ve enerjimizi doğru bir şekilde nasıl yönlendireceğimizi de anlatıyor olacağım.

Kadınlar mı Çok Konuşur, Erkekler mi?

İnternette dolaşan bir araştırma var... Ne kadar doğru ne kadar yanlış bilmiyorum ama araştırma sonuçlarına göre erkekler günde 7 bin kelime kullanıyorlarmış, kadınlarsa 21 bin.

Yani erkeklerin tam 3 katı!

Erkeklere sorduğumda araştırmanın kesinlikle doğru olduğunu iddia ettiler, işin ilginç yanı kadınlar da aynı fikirde...

"Neden böyle düşünüyorsunuz?" diye sorduğumda verdikleri cevaba gerçekten çok güldüm. "Çünkü erkekler bir defa söylediğimizde anlamıyorlar" dedi. "Bu yüzden üç kere tekrarlamak zorunda kalıyoruz..."

Bu araştırma ne kadar doğrudur bilinmez ama bildiğimiz bir şey var ki, kadınlar, erkeklere oranla daha çok kelimeyle kendilerini ifade ediyorlar. Bu onların beyinlerinden, yetişme tarzlarından ve genetik aktarımlardan aldıkları bir özellik...

Örneğin erkeklerin bulunduğu bir kahvehaneye gittiğinde, kimsenin konuşmadan sadece oyun oynadığını görebilirsin. Buna karşılık bir kadınlar gününü izleyecek olursan, herkes birbiriyle sohbet ediyordur, durmadan konuşuyorlardır. Her zaman anlatacak bir şeyleri vardır. Çünkü kadınlar duygularını da ayrıntılı şekilde ifade etmeyi severler.

Erkekleri Konuşturmanın Yolu

Erkeklerin hiç konuşmadığını söyleyemeyiz. Tabii ki erkekler de bazı durumlarda oldukça uzun ve ayrıntılı konuşurlar. Genelde başarıları, üstünlükleri ve işleri hakkında sohbet ederler.

Örneğin erkekler toplanıp balığa gitmişse ve üstüne üstlük balık da tutmuşlarsa öyle anlatırlar ki, sanki Afrika ormanlarında zor şartlarda aslanla boğuşmuşlar sanırsın.

Ayrıca erkekler futbol hakkında da uzun uzadıya konuşabilirler. Zira erkekler açısından futbol ilkel güdüleri tatmin eden bir spor dalı... Ortada iki rakip takım vardır ve sen birini tutarak mücadeleye dahil olursun...

Doksan dakika boyunca kendi takımın yensin diye çırpınırsın, yendiğinde de loto çıkmış kadar mutlu olursun. Yok kaybederse, eyvahlar olsun. Ya hakem suçludur, ya teknik direktör...

Kadınlar erkeklerin bazen suspus olup bazen bu kadar heyecanla uzun saatler nasıl konuşabildiklerine pek anlam veremez.

Danışanım bir hanımefendi "Erkekleri anlayamıyorum" demişti. "Doksan dakika yirmi iki kişi bir topun peşinden koşuyor. Bunun sonunda hiçbir kazançları olmadığı halde erkekler izlemekten ve konuşmaktan çok zevk alıyorlar. Bu nasıl olabiliyor?"

Bu sorunun doğru cevabını verebilmek için erkeklerin gelişimini anlamak gerekiyor. İnsan ırkı olarak 50 bin yıldır dünya üzerine var olduğumuz düşünülüyor. Ten rengi, göz rengi, hastalıklar nasıl ki genetik yoldan nesilden nesile aktarılıyorsa aynı şekilde psikolojik aktarımlar da söz konusu.

Erkekler on binlerce yıl boyunca ailelerine yemek getirebilmek için avlanmışlar. Avlanabilmek için fazlasıyla sessiz ve dikkatli olmak zorundaydılar.

Bir dönem Afrika'nın ıssız bir şehrinde kalmıştım. Köylüler geçimlerini avlanarak sağlıyorlardı. Bir gün ben de onlarla birlikte ava katıldım. Sadece avcıları gözlemek istiyordum. Av sürecini çok merak etmiştim.

Altı saate yakın yürüdük. Evet, yanlış okumadın tam 6 saat...

Bu 6 saat içinde hiç konuşmadık.

Neden?

Çünkü insanlar ne kadar akıllı olsalar da hayvanların da bu zekâya karşı aldıkları önlemler var. En ufak sesi bile duyup kaçabiliyorlar. Bu yüzden avcı erkekler olabildiğince sessiz yürümeli ve hareket eden nesnelere odaklanmalıydı.

O zaman anladım ki, avcı toplayıcı kültürden gelen erkekler, binlerce yıldır konuşmamaya fazlasıyla alışmış zaten. Onları en çok mutlu eden önce hareket eden nesneleri yakalamak sonra avlayıp günü kazançla tamamlamak...

Şimdi futbolu incelediğimizde futbolda da hareket eden nesneleri dikkatle takip etmek ve kazanmak prensibi var. Topun oradan oraya gitmesi erkeklere mutluluk veriyor. Aynı zamanda günü galip tamamlıyorsa avdan elleri dolu dönmüş kadar mutlu oluyor.

Biz de o gün 6 saat yürüdüğümüz halde avlanamadan geri dönmüştük. Belli ki avcılar her zaman avlanamıyor. Çok zaman saatlerce yürüyüp elleri boş dönüyorlar evlerine. Avsız döndüklerinde de saatlerce neyi yanlış yaptıklarını, avsız kalmalarının başka ne gibi sebepleri olduğunu tartışıp duruyorlardı.

Tıpkı futbolda da olduğu gibi... Ortada aşikâr bir sonuç var, bu uzun uzadıya konuşulacak bir mesele.

Avlarını yakalayıp eve dönmüşlerse bunu bir bayram havasında kutluyorlar. Sohbetleri de tatlı ve heyecanlı oluyor. Nasıl başardıklarının öyküsünü uzun uzadıya anlatıyorlar.

Yine tıpkı futbol maçında olduğu gibi... Takımı galip gelen erkeklerin de konuşup anlatacakları çok şeyleri oluyor, coşkularını da yüksek perdeden gösteriyorlar. Çok önemli bir karşılaşma kazanılmışsa akşamları arabalara doluşup kornalara basarak şeref turu atılıyor. Ertesi gün işe giderken de yanlarında formaları ya da atkıları oluyor.

İki sene boyunca İstanbul'da Beşiktaş'ın merkezinde yaşadım. Her hafta sonu Beşiktaş Çarşısı siyah beyaz formalar giymiş yüzlerce insanla dolup taşıyordu. Sokaklardan geçemiyorduk maç günleri... Benim oturduğum iki sene içinde Beşiktaş lig şampiyonu olmuştu. İnanır mısın, şampiyonluk gecesi evime giden 200 metrelik yolu iki saatte geçememiştim.

Baktığında bu insanların şampiyonluktan elde ettiği maddi hiçbir kazançları yok ama sanki bir yıllık av yakalamışlar gibi seviniyorlar.

Tabii ki bu coşkunun kötü ya da yanlış olduğundan bahsetmiyorum. Sadece bir durum analizi yapıyorum. Erkekleri daha iyi tanımak adına, binlerce yıllık avcı toplayıcı kültürlerinden örnekler vererek bugünkü tepkilerinin anlaşılabilirliğini ortaya koymaya çalışıyorum.

Kısacası bir erkeği konuşturmanın en iyi yolu başarıları, tuttuğu takımı, desteklediği partisi ya da savunduğu davasıyla ilgili sorular sormaktır.

Şimdi utanarak da olsa sana erkekleri konuşturmak için benim de uyguladığım bir taktikten bahsedeceğim. Biliyorsun ki şehir şehir seminerler veriyorum. Bazen günde iki şehre gittiğim oluyor. Mesela ben bu satırları yazarken iki günlüğüne İstanbul'dan Ordu'ya gidiyordum. İki günde dört seminer vereceğim. Aşağı yukarı 500-600 kişilik salonlarda konuşuyorum.

Seminer sonlarında organizasyon sorumluları sağ olsunlar bizi genelde yemeğe davet ediyorlar. Ben de çok zaman yorgun ve aç oluyorum zaten.

Her ne kadar fiziksel olarak ağır yorgunluklar yaşamasam da insanları daha fazla mutlu etmek, onlarla daha fazla bilgi paylaşmak isteğim ve sorumluluğum ister istemez bende tatlı bir yorgunluk yaratıyor.

Seminer sonrası organizasyonu yapanlarla yemeğe gittiğimizde, genelde bana sorular sormak, konuşmak istiyorlar doğal olarak. Ben de hem yorgun hem aç olduğumdan ve onları da kırmak istemediğimden muzipçe bir yöntem uyguluyorum.

Özellikle erkeklere "Sizin takım niye bu kadar çöküşte, neler oluyor sizce?" dediğim an, neredeyse on dakika boyunca hiç bölünmeden rahatlıkla yemeğimi yiyebiliyorum.

Arkasından ikinci sorumu da soruyorum: "Memleketin siyasi havasını nasıl buluyorsunuz?"

Böylece on dakika yine hiç bölünmeden tatlımı yiyip, çayımı da yudumluyorum.

Hem kimse kırılmamış oluyor hem de ben ağız tadıyla yemeğimi yemiş oluyorum. Bu arada cevabını gerçekten merak ettiğim soruları soruyorum. Böylelikle hem onların hayat görüşlerini dinliyorum hem de yemeğimi yiyorum.

Evet, muzırca bir iş yaptığımın farkındayım ama unutmamak lazım ki erkekler her zaman hep biraz çocukturlar.

Yemek yerken de konuşmak mümkün belki ama benim için yemek saati önemlidir. Yediğimin tadına varmak ve doyduğumu anlamak için genellikle sessiz kalmayı tercih ediyorum. Hem erkekler kadınlar kadar komplike değil. Kadınlar aynı anda birkaç işe konsantre olabilirler belki ama erkeklerin çok boyutlu bir odaklanma yetenekleri yok.

Yemek sırasında sordular, kadınları nasıl anlarız?
Ben de şairin sözünü söyledim: Kadınlar anlaşılmak
için değil yaşanmak için vardır, eğer yaşanacak bir
kadın bulduysanız anlamak için vakit kaybetmeyin.

Kadınlar Aynı Anda Çok İş Yapabiliyor

Bir erkek telefonla konuşurken ona yan taraftan bir şeyler anlatmaya başlarsan seni derhal susturur. Ya da telefondakinin susmasını isteyip seni dinlerler. Aynı anda iki kişiye kulak veremezler.

Ama kadınlar öyle mi?

Bir yandan telefonla konuşur, diğer yandan çocuğun ödevine yardım eder, fakat arada yemeğin pişmesini de gözden kaçırmaz, ara sıra yoklar.

Komplike yaratıklar...

Bu beceriler muhtemelen böyle olmayı istedikleri için gelişmedi. Mecbur kaldıkları için öğrendiler, zamanla geliştirerek yetenekleri haline dönüştürdüler.

İnsanlık tarihi boyunca erkekler her zaman bir işle uğraşırken kadınlar aynı anda birçok işle uğraşmak zorunda kalmışlar. Bu yüzden aynı anda birçok işe odaklanma yetenekleri daha gelişmiştir.

Mesela dört erkek arasındaki konuşmayı uzaktan izleyecek olsak göreceğimiz manzara şudur: Biri konuşur, üçü dinler... Söz sırası değiştiği halde hep bir konuşan ve üç dinleyen olur. Aynı şekilde dört kadının konuşmalarını izleyelim. Mutlaka dördü de aynı anda konuşuyordu, üstüne üstlük anlaşıyorlardı da.

Tabii ki erkekler de mecbur kaldıklarında aynı anda birkaç iş yapabilme becerilerini geliştirirler. Örneğin minibüsçüler aynı anda çok iş yaparlar. Aracı sürmek, yolcu almak, indirmek, kapıyı açıp kapamak, inen bineni saymak, ücretleri mesafeye göre hesaplamak...

Yine de aynı anda çok iş yapabilmek kadınların doğuştan getirdikleri bir meziyet gibi görünüyor.

Kadınların odaklanabilme yeteneği, detayları görebilme imkânı da sağlıyor.

Örneğin erkekler için renkler genellikle ikiboyutludur. Kırmızı ve koyu kırmızı... Mavi ve koyu mavi gibi...

Renklerle ilgili bir iş yapmıyorlarsa muhakkak ayrıntılardan yoksundurlar. Fakat kadınların renklerle işleri yoksa bile renk tonları arasındaki en küçük farkı bile görürler.

Onlar için sadece kırmızı ve koyu kırmızı yoktur... Vişneçürüğü, şarap kırmızısı, bordo, kiraz rengi, kestaneye dönük kızıl, mercan kırmızısı... Bir kırmızının tonu bile böyle uzar gider...

Her kiminle buluşacak olurlarsa olsunlar kadınlar giyimlerinde, saç modellerine, makyaj tonlarından ayakkabı ve çanta kombinasyonuna kadar her detayı gözden geçirdikten sonra dışarı çıkar.

Özel günlerde işin rengi iyice değişir. Ayrıntıda ustalaşırlar. Buna karşılık erkek arkadaşına ya da eşine "Nasılım?" diye sorduğunda aldığı karşılık sadece *güzel* olur.

Erkek, karşısındaki kadında bir güzellik olduğunu görür ama ayrıntıları kaçırır.

Bir kadın, hemcinsi bir arkadaşıyla karşılaştığında onu görür görmez en küçük değişikliği bile yakalar.

"Çok güzel olmuşsun saçlarına balyaj mı attırdın?"

"Kaşlarının şekli değişmiş, dövme mi?"

"Ojelerin, gömleğinle çok uyumlu..."

Kadın, bu detayları doğal olarak görür. Çünkü bu detaycılık zaten genlerinde var.

Bu kadınları güçlü, erkekleri güçsüz yapmaz. Biri diğerinden daha değerli sayılmaz. Çünkü hayat bir denge sanatıdır. Bir yeteneği taşıyabilmek için karşıt başka bir yetenekle işbirliği gerekir.

Erkeklerin Yön Bulma Yetenekleri Kadınlardan Daha Güçlü

Kadınların odaklanma ve ayrıntıları görme becerileri oldukça güçlü olmasına rağmen yön bulmak konusunda hayli zorlanırlar. Bu açıdan erkekler, pusula kadar yeteneklidir. Erkeklerin yön bulma yetenekleri kadınlardan daha kuvvetlidir.

Mesela ben de yönleri hatırlamak ve bulmak konusunda özel hiçbir çalışma yapmamama rağmen ilk defa gittiğim şehirlerde bile caddeleri ve sokakları ikinci geçişimde hatırlıyorum. Bu yetenek, erkeklere yine atalardan kalma bir mirastır.

Avcı toplayıcı erkekler ava çıktıklarında her köşesi birbirine benzeyen kocaman ormanların içinde saatlerce yol aldıkları halde ailelerinin yanına kolayca dönebiliyorlardı.

Afrika'da köylülerle iştirak ettiğim av maceramdan az önce bahsetmiştim. İnan öyle uzun mesafeler kat ettik ki, dönüş yolunu nasıl hatırladıklarına şaştım kaldım.

Avcı toplayıcı erkekler, avdan sonra dönüş yolunu bulamazlarsa hem ormanda kaybolurlar, ailelerinin yanına dönemezler, hem de gecenin bir vakti başka hayvanlara av olurlar.

Bu yüzden erkeklerin yön bulma yeteneklerinin binlerce yıllık genetik kodlarıyla yakından ilgisi vardır.

Kadın ve erkek arasında bir üstünlük yarışı yoktur, olamaz da. Kimse diğerinden daha üstün değildir. İlişkiler, farklı meziyetlerin bir çatı altında dengelendiği deneyimlerdir.

Erkekler Ne Hediye Alır Kadınlar Ne Hediye Bekler?

Erkekler bir işin başarılı olup olmadığını, o işin olumlu sonuçlanıp sonuçlanmamasıyla ölçerler. Örneğin bir erkek ava gidip eli boş döndüğünde kendini başarısız hisseder. Ama bir kadın aynı durumda, "Bugün istediğimiz sonuca ulaşamadık ama yeteri kadar çaba harcadık. Tembel tembel oturmadık, bu da bir başarıdır" der.

Erkekler için sonuç, kadınlar içinse süreç önemlidir.

Erkekler sonuç odaklı düşündükleri için hediye alırken de aynı stratejiyi kullanırlar. Ben kadın erkek ilişkilerini anlattığım her eğitimimde özellikle kalabalık seminerlerde mutlaka erkeklere mikrofon uzatırım ve çok ilginç sonuçlar elde ederim.

Mesela geçen gün Adana'daki seminerimde bir beyefendi eşine mangal aldığını söyledi. Evet, bildiğin mangal...

Evlilik yıldönümünde eşine bir mangal hediye etmiş. Bunu anlatırken de gayet ciddiydi. Ayrıca kaba saba bir adam da değil. Gayet zarif ve kibar...

"Neden eşinize mangal aldınız?" diye sorduğumda, "Her hafta pikniğe gidiyoruz. Küçük mangal yetmiyordu, ben de daha büyüğünü aldım, böylece her piknikte onu ne kadar önemsediğimi hatırlasın istedim" dedi.

Başka bir seminerde de bir katılımcı eşine ütü aldığını söyledi. "Neden?" diye sorunca "Evdeki ütü bazen çalışmıyordu. Ben de ütü yaptığında beni hatırlar diye düşündüm" dedi.

Gördüğün gibi erkekler aldıkları hediyelerde bile olumlu ve işlevsel bir sonuç elde etmeyi düşünürler. "Ben alayım o da hep kullansın ve işine yarasın" amacındadırlar.

Örneğin çiçek almayı erkeklere anlatmak çok zor... Çünkü solacağını düşünürler. Çiçekler ne işe yararlar ki? İki gün sonra solup giderler, kimsenin bir işine yaramaz. Bir işlevselliği yok. Olumlu bir fayda da sağlamıyor.

"Çiçeğe neden o kadar para vereyim ki? Başka bir hediye alırım her zaman kullanır" diye düşünür.

Tabii ki kadınların süreç odaklı olduklarını bilmedikleri için kendilerini haklı zannederler. Kadınlar için önemli olan süreçtir, sonuç değildir. Ütü de mangal da muhakkak işine çok yarayacaktır ama bunlar bir hediye sayılmazlar.

Bahçeden toplanan çiçekler bile kadını çok mutlu edecektir aslında. Bir çiçekle bile sevildiğini, hatırlandığını, değer verildiğini ve güzelliklere layık görüldüğünü hissetmek, süreci eşsiz kılacaktır kadın için.

Bu noktada ne erkekler suçlu diyebiliriz ne de kadınlar... Çünkü ortada kötü bir niyet de yok, suç da.

Kadınlar, incelikler konusunda erkeklerin beceri kabiliyetlerinin farkına varmalı ve hiçbir şeyin kötü niyetle olmadığını anlamalılar. Aynı şekilde erkekler de kadınların pahada ağır hediyeler beklemediğini bilmeli, arzu ettikleri tek şeyin incelik olduğunu hatırlamalılar. Kadınlar için önemli olan sevgiyi hissetmek... Bahçeden koparılmış bir çiçekle bile bu mümkün...

Yine bir seminerim sırasında bir hanımefendi söz isteyerek kalktı ve "Hakan Bey..." dedi. "Benim eşim anlattığınız gibi değil. Bana bilezik aldı."

Salon bu sözleri duyunca alkışlamaya başladı. Kadının eşi de yanındaydı. Yanlarına yaklaştım. Eşine dönüp "Eşinize neden bilezik almak istediniz, bizimle paylaşabilir misiniz?" diye sordum. Ne cevap verdi biliyor musun? "Kötü günde bozdururuz belki..."

Bunun üzerine herkes kahkahalara boğuldu. Kadın için romantizm ölmüştü ama erkek yine kendinden beklenen gibi davranmış, olumlu ve işlevsel bir sonuç için karısına hediye almıştı.

Özel günler konusuna da değinmeden geçemeyeceğim. Çünkü bu konu önemli... İlle de Batılı ülkelerin topluma dayattığı özel günleri kutlamaya takılıp kalmayalım lütfen. Biz de kendi ailemiz için özel günler belirleyebiliriz ki bu çok daha hoş ve romantik olur.

Erkekler Kadınları Neden Dinlemez?

Bir ankete göre kadınların erkekler konusundaki en büyük şikâyeti, erkeklerin onları dinlememesi...

Konuşmak ve dinlemek konusuna yukarıda değinmiştik. Burada daha detaylı şekilde ele almaya çalışacağım.

Erkekler kadınları iki nedenden dolayı dinlemez.

1. Kadın yaşadığı günlük problemlerden bahsetmeye başladığında, erkek hemen çözüm ortağı olarak devreye girer ve tavsiyelerde bulunmaya başlar.

Bulduğu çözüm önerilerine rağmen kadın hâlâ aynı sorunu anlatamaya devam ederse, erkek de verdiği çözümcü fikirlerin önemsenmediğini düşünür, sinirlenir ya da başka şeylerle uğraşmaya başlayarak kadını dinlemekten vazgeçer.

Erkeklerin kafası şöyle çalışır: "Bana sorununu anlatıyorsa demek ki benden yardım bekliyor."

Kadının sadece derdini paylaşarak rahatlamak istediğini anlayamaz. Çünkü bir erkek, sadece çözüm istediği zaman başka bir erkeğe sorunundan bahseder. Hatta sorununu herkese anlatmaz, çözebileceğine inandığı kişiye gider doğrudan. Herkesin kapısını çaldığında güçsüz görüneceğini düşünür.

Bana göre erkeklerin de zaman zaman konuşarak rahatlamak ve dertleşmek yoluna gitmesi lazım. Erkeklere dertleşmenin bir zayıflık olarak görülebileceği öğretildiği için duygularını saklamak konusunda antrenmanlıdırlar. Ben dertleşmekten zarar gelmeyeceğine ve güçsüz görünmemeye çabalamanın insanı daha da güçsüz kılacağına inandığım için mutlaka konuşarak rahatlamayı erkeklere de öneriyorum.

2. Kadın, farkında olmadan tavsiyeler ve nasihatler vermeye başladığında, erkek kadını dinlemekten vazgeçer. Erkek her ne kadar önerilerde bulunmaktan, çözümler üretmekten ve eleştirmekten hoşlansa da kadının kendisine öneri vermesinden ya da eleştirmesinden hiç hoşlanmaz.

Bir kadın ya da uzman olarak görmediği bir erkek ona nasihatler vermeye başladığında "Sen bunu kendi başına beceremezsin, o yüzden ben sana yardım edeceğim" düşüncesine kapılır, kulaklarını tıkar.

Bu sorunu anlamak için erkeği biraz daha tanıyalım. Erkeklerin dünyasında başarı, güç ve kendi kendine yetebilmek çok önemlidir. Erkeği erkek yapan güç, onun iş bitiriciliğidir.

Erkeklerin icat ettiği giysiler bile erkek enerjisinin gücünü, otoritesini ve iddiasını yansıtır.

Polis memurları, askerler, işadamları, güvenlik görevlileri, aşçılar iddialarını ortaya koymak için birer üniforma giyerler. Eğer üniforma yoksa mutlaka rozet kullanırlar. Kaptan rozeti, parti rozeti, kulüp rozeti gibi...

Erkekler kişisel gelişim kitaplarıyla çok ilgilenmezler, balık tutmak, araba yarışı izlemek, futbol maçı izlemek, bilgisayar oyunları oynamak ilgilerini daha çok çeker, daha çok heyecanlanırlar. Televizyonda da haberleri, hava durumunu ve spor programlarını izlerler, romantik kitaplara ilgileri yoktur. Rekabet, mücadele ve iş bitiricilik onların ruhunda vardır.

Bir erkeğe o istemeden yardımda bulunmak onun ne yapacağını bilmediğini ya da bunu kendi başına yapamayacağını ima etmek demektir. Erkekler bu konuda çok duyarlıdırlar. Kendilerine onlar istemeden yardımcı olunmasına sinirlenirler.

Erkeklerin kişisel gelişim konularını sevmeme nedeni de budur. "O kim ki bana tavsiye veriyor? Bunlar hep para tuzağı!" diye düşünürler.

Bir erkeğin başka bir erkeğe "Ben bir psikoloğa/yaşam koçuna gittim" demesi çok zordur. Çünkü bunu ifade ettiğinde başkalarının gözünde kendi sorunlarını kendi başına halledemeyecek kadar güçsüz ve yetersiz olduğunu ilan etmiş olur.

Kazara psikoloğa gittiğinde bile direnir ve "Benim aslında sorunum yok, eşim istedi diye geldim" der. Ya da "Bir arkadaşımın sorununu çözmek için buradayım" açıklamasını yapar. Kendinin zayıf görülmesinden imtina eder.

Eğer gerçekten yardıma ihtiyaçları varsa onlara yardım edecek kişiyi kendileri seçerler.

Daha önce de söylediğim gibi erkekler başka erkeklere kendi sorunlarından bahsederken çözüm arayışı içindedirler. Bu yüzden kadınlar erkelere sorunlarından bahsettiğinde erkek hemen çözüm sunar. Kadın sadece günlük yaşadığı sorunları paylaşırken, erkek onun fikir danıştığı yanılgısına düşer ve fikir vermeye başlar. Aslında bunu iyi niyetle yapar, buradaki amacı kadının kendini daha iyi hissetmesini sağlamaktır. Söylediği çözüm önerisi kadın tarafından kabul edilirse mutlu olacaktır.

Erkek çözüm önerilerine karşılık onay görmediği gibi kadının aynı sorunu anlatıp durmasını huzursuzluk olarak algılayacak ve kadını dinlemekten vazgeçecektir. "Benim çözüm önerimi kabul etmedi, yararsız buldu" şeklinde algılayacaktır.

Bu noktada erkeğin yapması gereken tek şey, dinlemek ve dert ortaklığı yapmaktır. Kadının da erkeğe "Hayatım sana sadece bugünkü sorunlarımdan bahsetmek istiyorum, çözüm önermene gerek yok, dinlemen bile bana kendimi iyi hissettiriyor. Senin dinlemen bile bana çözüm oluyor" derse erkek kadını sabırla dinleyecektir.

İkincisi, erkek bir problem yaşadığında kadın nasihat vermeye kalkışırsa erkek sinirlenecektir. Erkekler araba kullanırken kadınların yol tarif etmesine de bu yüzden çok sinirlenirler zaten. Çünkü erkek yol tarifini bile "Ben yolu bulamayacak kadar aptalım ve sen bunu yüzüme vuruyorsun" şeklinde algılar.

Bırak ve rahatla. Yol bulmak işi onun olsun. Senden yardım isteyene kadar işine karışma.

İstenmeden yapılan her yardımı insanlar bir eleştiri olarak algılama eğilimindedirler.

Kadınlar için...

Gel bu hafta hayatındaki erkeğe öneriler sunmaktan vazgeç. Onu eleştirmekten uzak durmayı dene.

Sadece senden yardım istediğinde ona yardım et.

Böylece hayatındaki erkeğin sana daha çok ilgi gösterdiğini ve bağlandığını fark edersin.

Erkekler için...

Gel bu hafta hayatındaki kadının dertlerini çözüm ortağı olarak değil de dert ortağı olarak dinle. İzin ver duygularını paylaşsın. Fikir verme, çözüm üretme...

Böylece onun seni ne kadar takdir ettiğini görürsün, şaşırırsın.

Monotonlaşan Bir İlişkiyi Canlandırmanın Yolları

"İlişkinin Evreleri" bölümünde, eğer ilişki için emek harcanmazsa monotonluğun kaçınılmaz olduğundan, çözülmediği takdirde monotonluğun acıklı sonuçlara yol açacağından bahsetmiştim.

İnsanlar çiçeklerini bile iki gün sulamayınca solacaklarını bilmesine rağmen, bazen aylarca ilişkileri için hiçbir şey yapmazlar.

Bir sokak röportajında muhabirin halktan bir adama "Eşinize seni seviyorum diyor musunuz?" diye sorduğunu gördüm. Adam da "Bir kere söyledik ya, her gün her gün söylemenin ne anlamı var?" diye cevap vermişti.

Bu adamın eşiyle ilişkisinin ne düzeyde olduğunu aşağı yukarı sen de tahmin edersin.

Her gün yemek yiyoruz, su içiyoruz, nefes alıyoruz, giyiniyoruz, duş yapıyoruz ve bütün bunları her gün neden sürekli yapıp durduğumuzu sorgulamıyoruz. Çünkü bunlar yaşamsal ihtiyaçlarımız.

Peki bir ilişkinin yaşamsal ihtiyaçları yok mu?

Var tabii ki...

Sıralamaya başlayayım o halde:

1. Güzel görün: Çok sevdiğim biz söz vardır: "Güzel gören insan güzel düşünür, güzel düşünen hayatından lezzet alır."

Hepimiz güzeli görmek isteriz, severiz. Fakat bir zaman sonra eşler birbirlerini pijamalarıyla daha çok görmeye başlarlar.

Şöyle bir sahne hayal edelim:

Sabah olur, çiftimiz uyanır. Erkek en güzel kıyafetini giyer, saçını tarar, parfümünü sürer, dışarı çıkar. Aynı şekilde kadın da, saçını, makyajını yapar, en güzel kıyafetlerini giyer, parfümünü sıkar ve çıkar.

Akşam olur, erkek eve gelir, kıyafetlerini çıkarır, pijamalarını giyer, ayağına bir terlik geçirip bacaklarını kanepeye uzatır, televizyon izler. Aynı şekilde bir süre sonra kadın da, evine dönüp pijamasını giyer, ayağına terliklerini geçirir, makyajını siler, saçlarını toplar, oturur.

Sence bu sahnede her şey yolunda mı?

İkisi de dışarıya çıkarken gösterdikleri özeni birbirlerine karşı neden göstermiyorlar?

Dışarıya çıkarkenki enerjilerinden neden şimdi eser yok?

Birbirlerine neden bu kadar bezgin ve yılgın gözlerle bakıyorlar?

Çünkü artık birbirlerine sıradan gelmeye başlıyorlar. Üstüne üstlük sıradanlaşmayı kabul ediyorlar ve hiçbir özen göstermiyorlar, önlem almıyorlar.

Monotonluğun farkına varmak ve ilişkiye sahip çıkmak çok önemli...

2. Birlikte aktiviteler gerçekleştirin: Bilimsel araştırmalar gösteriyor ki, çiftler birlikte heyecanlı aktiviteler gerçekleştirdiklerinde birbirlerine daha çok bağlanıyorlar. Örneğin lunaparka gitmek, hızlı trene binmek, birlikte çocukça oyunlar oynamak çok keyifli olabilir. Ayrıca bir doğa fotoğrafçılığı kursuna katılmak ya da paraşütçülük eğitimi almak da ilginç olabilir.

Buradaki önemli nokta gerçekleştirdiğiniz aktivitelerin sizi canlandırıyor olmasıdır. O aktiviteye giderken heyecanlanıyor musunuz, kalbiniz hızlı atıyor mu?

Bu önemli bir detay çünkü beyin aktiviteler sırasında salgıladığı adrenalin ve oksitosin hormonlarını yanındaki insanla birlikte kodluyor. Hormonlarla ve yaşanan resmi birbiriyle bağdaştırıyor. Böylece eşinin yüzünü her gördüğünde oksitosin (mutluluk hormonlarından biri) ve adrenalin (heyecan hormonu) hormonları küçük de olsa tetiklenmeye başlıyor.

Eşine duyduğun heyecan artıyor. Bazı psikologlar bunu pozitif koşullanma ilkesiyle açıklıyor.

Birlikte gerçekleştirmekten hoşlanacağınız aktivitelerin bir listesini yapın. Ortak heyecan ve coşku yakalayabileceğinize inandığınız bir aktiviteyi seçin ve hayatınıza dahil edin.

3. Zamansız sürprizler: Zaten sürpriz dediğin de zamansız olur değil mi? Beklemediği zamanlarda yapacağın sürprizler eşini çok heyecanlandıracaktır. Sürprizleri de bir rutine bağlamamak da önemli tabii. Sürpriz yapmak bir görevi yerine getirmek gibi gelmesin.

Konuya yine bilimsel açıdan bakarsak, bir kadın sevdiği insandan her hafta aynı günlerde iki defa çiçek alıyorsa, beyin tekrar eden bu davranışa alışkanlık geliştiriyor. Bu davranış bir süre sonra olması gerekenler kategorisine yerleştiriliyor.

Bir sabah işe giderken eşinin ayakkabısından çıkan not kâğıdında "Seninle birlikte olduğum için ve bu güzel hayatı yaşadığımız için şükrediyorum" yazıyorsa eşinin yaşayacağı mutluluğun tarifi mümkün değildir.

4. Evde DVD keyfi ya da cuma günleri sinema: İlişkilerdeki monotonluk fark edilir edilmez gerçekleştirilen ilk aktivite ya evde DVD izlemektir ya da sinemaya gitmektir.

İyi bir aktivite olduğunu söyleyebilirim. Sadece film seçimi konusunda öneride bulunacağım.

Komedi, aşk, macera, romantik filmler izlemek birbirinize yaklaşmanızı sağlayabilir. Korku, aksiyon, dövüş, bilimkurgu filmlerinden pek bir şey beklemeyin.

Birinizin istemediği filme diğerinin zorla sürüklenmesini kesinlikle onaylamıyorum. Erkek sanat filmi sevmiyorsa ve sinemaya zorla götürülüyorsa, iki saatlik işkenceden sonra olumlu hislerle ve pozitif bir enerjiyle çıkmayacaktır sinemadan. Ayrıca yaşadığı bu kötü deneyimi, eşiyle bağdaştıracaktır. Eşiyle sinemaya gitmek, hiç istemediği, zorla götürüldüğünde de hiç zevk almadığı bir deneyime dönüşecektir. İyi bir şey yapmayı düşünürken belki de ilişkine daha fazla zarar vermiş olacaksındır. Aynı duyarlılığı tabii ki erkek de göstermelidir. Karısının hoşlanmadığı türden filmleri izlemek için ısrarcı olmamalıdır.

5. Aşkı hatırlama zamanı: Bugün oturup düşün. Hayatındaki kadına ya da hayatındaki adama neden âşık olduğunu hatırlıyor musun?

Onu sana yakınlaştıran şey neydi? Kimselerin göremediği ne görmüştün onda? Kimselerin bilmediği neyi sevdin hayatındaki insanda?

"İnsan sahip olmadığının delisi, sahip olduğunun da nankörüdür" derler.

Sahip olduklarımızdan fazla elde edemediklerimize hayıflanarak üzüyoruz kendimizi.

Oysa sahip olduğumuz her şey servetimizdir. Gücümüzdür.

Birbirinizde en çok neyi sevdiğinizi hatırlamanız, duygularınızın yeniden canlanmasını destekleyecektir.

İlerleyen bölümlerde bahsedeceğim şükretme egzersizi ve güçlendirici sabah soruları çalışmasını da uygulamayı ihmal etmeyin.

Usta Bir Eleştirmen Olmak

Eleştiri zor bir iştir. Ustalık ister. Herkes iyi bir eleştirmen olamaz. Çok zaman eleştirenin tarzı yüzünden eleştiriler ters teper. Eleştirilen kişi, kendisine yöneltilen görüşleri kabul etmez ya da karşı durur. Küçük bir eleştiri, tatsız bir tartışmaya dönüşebilir. Eleştiren kişi de söylediğine bin pişman olur.

Peki, karşımızdaki insanı kızdırmadan ve kışkırtmadan nasıl eleştirebiliriz?

Ustalıklı eleştirmenliğin iki püf noktası vardır. Bunları başarıyla uygulayabildiğinde hayatın büyük ölçüde kolaylaşır.

1. Sen değil, ben dilini kullanmak: Bir danışanıma kocasının hatalarını ona nasıl söyleyebileceğini madde madde sıralamıştım. Konuya bu örnek üzerinden gitmeyi tercih ederim.

Danışanım olan hanımefendi, eşine, "Gün içinde beni hiç aramıyorsun. Beni sevmiyorsun, sevsen arardın" diyormuş. Buna karşılık eşi de "Ne alakası var, işim başımdan aşkın. Bir anlayış göster" diye karşılık verince aralarında tartışma çıkıyormuş.

Danışanımın kurduğu cümleyi değiştirdik. Yerine şu yeni cümleyi yerleştirdik:

"Gün içinde beni aramadığında, kendimi sanki sevilmiyor gibi hissediyorum. Sen büyük ihtimalle böyle düşünmüyorsun ama nedense ben bu duygulara kapılıyorum."

İçerik açısından ikisi de aynı cümle aslında. Sadece söyleyiş biçiminde fark var. İlk cümlede suçlama, yargılama ve saldırı varken ikincisinde kişisel bir deneyimden söz ediliyor.

Karşı taraf suçlandığını düşünmediği için daha sakin ve makul açıklamalar yapabiliyor ve tartışmadan bu konuyu çözebiliyorlar.

Suçlama söz konusu olduğunda çiftler karşılıklı geriliyorlar ve tartışıyorlar. Böylece mantıkları ve sağduyuları da devre dışı kalıyor.

Yine aynı danışanımın deneyimleri üzerinden örnek vererek devam edeyim.

Danışanım eşine "Niye sürekli kıyafetlerini buraya atıyorsun?" diye kızıyormuş. Karşılığında tabii ki tepki görüyor.

Bu cümlenin yerine de şunu koyduk:

"Senin kıyafetlerini buraya atman, bana evimize hiç değer vermiyorsun gibi hissettiriyor."

Karşı taraf suçlanmadığı için çözüme dahil olmayı tercih ediyor ve sorun çözülüyor.

2. Sandviç metodu: Gözünün önüne bir sandviç getir. İki kat ekmeğin arasında malzemeler... Sandviçi ısırınca ekmeğin ve malzemelerin tadı birbirine nasıl karışıyorsa, eleştiride de sandviç metoduyla anlatmak istediğim şey, vermek istediğimiz olumsuz mesajı iki olumlu mesajın arasına kalarak sunmaktır.

Sandviç metodunda yapacağımız eleştiriyi ifade etmeden önce, eleştireceğimiz kişinin iki olumlu özelliğini ele almak. Öncelikle bir olumlu özelliği dile getirip sonrasında sıra sandviçin ara katına gelir. Bu kata "ve" bağlacıyla geçmek mümkündür.

Eleştiriye geçerken kesinlikle "ama", "fakat", ancak" bağlaçlarını kullanmamak gerekir. Bu bağlaçlar karşımızdaki insanın savunma mekanizmasını çalıştırır, tepki geliştirmesine neden olur.

Bir cümleyi "ama" diyerek sürdürmek, öncesinde sıralanmış olan olumlu ifadeleri de yalanlamış olur. Bu katın sihirli malzemesi "ve" bağlacıdır.

"Ve" bağlacıyla konuşmayı sürdürmek, karşımızdakini olduğu gibi kabul ettiğimiz mesajını verir. Böylece eleştiriyi dinleyecek olan kişi de kendini savunma yapmak zorunda hissetmeyecektir.

Sandviçin alt kısmına gelindiğinde de bir olumlu özelliğe daha ihtiyacımız olacaktır.

Her Ayrılık Acısı Çeken Aslında Bir Narsisin Kurbanı Olabilir

***Sıradaki Teşekkürüm Bana Yanlış Yapanlara Gelsin* adlı çok satan kitabın yazarı, arkadaşım Nilgün Bodur'la narsisizm üzerine bir sohbet:**

Narsis insanlar kadınların da erkeklerin de karşılarına sıkça çıkabiliyor. Ne var ki bir narsisle birlikte olduğunu fark edemeyenler, başlarına gelenin ne olduğunu anladıklarında ne yazık ki iş işten geçmiş oluyor. Bu yüzden erkenden farkında olmak çok önemli...

Peki kimdir bu narsisler ve nasıl fark edilebilirler?

Narsisler, algı yönetiminde ustadırlar

Nilgün Bodur: Etrafımızda narsis kurbanı olmuş çok insan var Hakan. Kendini kötü hisseden, özgüvenini yitiren, aşka ve ilişkilere küsenlerin çoğu aslında birer narsis kurbanı...

İlişkilerden genelde hüzünle ve kendini suçlu hissederek ayrılan birçok kadın var. Farkındayım kadın üzerinden örnek veriyorum çünkü narsisizm eğilimi erkeklerde daha yoğun...

Yazdığım kitap dolayısıyla özel ilişkileri üzerinden paylaşımlarda bulunan çok fazla kişiyle temas kurdum, onlardan çok yorumlar aldım, hikâyelerini dinledim.

Anladım ki ilişkiden sonra kendisini suçlayan birçok insan aslında bir narsis kurbanı.

Benim de yaşadığım ilişkilerde narsis tecrübelerim oldu tabii ki. Bir narsisle karşılaştıktan sonra artık nerede bir narsis görseniz kokusundan bile tanımaya başlıyorsunuz. Fakat bu deneyimi hiç bilmeyen insanlar da var. Deneyimlediği halde farkında olmayanlar da var... Ayrılıklardan sonra enerjisini kaybetmiş, kendini kötü hisseden, özgüvenini yitirmiş insanların sayısı hiç de az değil. Üstelik çoğu bütün bunları neden yaşadıklarını bilmiyor, olan bitene de anlam veremiyor.

Hakan Mengüç: İnsan hayatında bir kez bile olsa bir narsis deneyimi yaşadığında diğer narsisleri daha kolay ve daha çabuk tanıyabilir.

Nilgün Bodur: Kesinlikle daha çabuk anlıyorlar, az önce de dediğim gibi kokusundan bile tanıyabiliyor, hemen uzaklaşabiliyorlar.

Narsisizmin bir ilişki dinamiği olduğunu da hissedebiliyorlar. Çünkü narsislerin sayısı oldukça arttı ve bana göre sosyal medyanın da bunda büyük payı var.

Yine de şunu söylemek lazım ki bir ilişki insanı yukarı çıkarmalı. Eğer enerji tüketici, halsiz bırakıcı, yaratıcılıktan uzaklaştırıcı bir ilişkinin içerisindeyseniz yaşadığınız durumu mutlaka durup sorgulayın derim.

Karşınızdaki insan bencilse, anlayışsızsa, empati yeteneği yoksa dikkatli olmakta fayda var demektir. Bana göre özellikle de empati yeteneğinin yoksunluğu çok önemli bir konu. Empati kuramadığın insanlar, kelimelerle bir şey anlatamadığın, onunla hiçbir şeyi çözümleyemeyeceğin, seni her zaman suçlu hissettiren insanlardır. Yani hatalı da olsa karşısındaki suçunu yüzüne vurduğunda onu bir şekilde maniple edip kendini suçlu hissettirmesini sağlar.

Sadece özel ilişkilerde değil iş ve arkadaşlık ilişkilerinde de narsisler çıkabilir karşımıza. Ama en ağırı özel ilişki kurbanları... Çünkü narsisin her zaman bir kurbanı olur.

Narsisler psikolojik açıdan kolay tedavi edilemiyorlar çünkü hasta narsis olduğunu asla kabul etmiyor. Bu yüzden narsisizm, kurbanlarının tedavi edilemediği tek hastalık.

Kurban durumuna düşmemek için bence yapılabilecek en önemli şey, olaya biraz teknik bakmak.

Narsisler, insanı haklıyken haksız duruma düşürebilir, çünkü manipülatif insanlardır. "Ben kendimi suçlu hissediyorum, kötü olan benim" suçlamalarına girip durumu kişiselleştirmek yerine kendi değerini bilip "Karşımdaki insan bunu yapıyorsa bu benim kişisel sorunum değil, onun sorunudur" diyebilmek gerekiyor.

Kendi değerini bilmek çok kıymetli... "Beni seviyor, mu sevmiyor mu, hakkımda ne düşünüyor, onu nasıl düzeltebilirim, onun için kendimi ne kadar değiştirebilirim?" diye düşünmeden konuya teknik olarak bakmak ve şunu söylemek gerekir: "Orada bir kişilik bozukluğu var. Benim bundan uzaklaşmam gerekiyor, kendine artık yeni bir kurban bulmalı, ben artık kurban olmayı kabul etmiyorum."

Biliyor musun Hakan, çevremde bu şekilde sürüp giden o kadar çok evlilik var ki... Çocukları olmuş, evlilik ilerlemiş ama eşleri sürekli manipülasyon yapıyor. Özellikle kadınlar bunu çok yaşıyor. Çoğu ikili ilişkilerde manipülasyon kitapları okuyor ama o ilişkinin içinden çıkamıyorlar bir türlü çünkü narsis kurbanı bir süre sonra Stockholm sendromunda olduğu gibi celladına âşık oluyor.

Narsis insanların değişmeleri hemen hemen mümkün değil. Yaşlandıkça belki biraz azalıyor olabilir ama değişmezler.

Eğer kendinizi seviyorsanız bu tür bencil ve empatisi olmayan insanlardan, sizi kötü hissettiren narsislerden kaçının. Onları düzeltmeye çalışmamak en doğru çözüm.

Hakan Mengüç: Kurbanların iyileşmek için psikologlara gittiğinden bahsetmiştin ya aklıma bir psikiyatrın şu sözleri geldi: "Bize hiçbir zaman gerçek hastalar gelmez, gerçek hastaların hasta ettikleri gelir..."

Narsis insanları konu alan videoya çok yorum geldi Nilgün. Sanki sadece erkekler narsismiş gibi anlatıyorsunuz dediler. Buna da açıklık getireyim. Tabii ki sadece erkekler narsis değil. Kadınlar arasında da çok var fakat kabul görmüş istatistiksel bir sonuca göre narsisizm eğilimi erkeklerde daha fazla. Bu yüzden kadınlara oranlar narsis erkekler daha çok.

Buradaki temel nokta, narsislerin farkında olmadan çok etkili bir teknik kullanmaları... Karşılarındaki insanı çok değersizleştiriyorlar, kendilerini kötü hissetmelerine neden oluyorlar. Bunun üzerine değersiz hissettirilen kişiler de "Ben ne kadar kötüyüm, vücudum ne kadar kötü, konuşmam ne kadar kötü" gibi bir algıya kapılıyor. Bir süre sonra bu algıyı kabulleniyor, gerçekten değersiz ve kötü olduğuna inanıyor. Üstüne üstlük "Ben bu kadar kötüysem, bu ilişkiyi kaybettiğimde kimse beni beğenmez" diye düşünüyorlar.

Narsisler kimseyi beğenmezler ve herkese bir kulp bulmakta asla gecikmezler.

Narsisler başarılı insanlardır

Nilgün Bodur: Çok doğru söylüyorsun. Bu yüzden kim olursa olsun, ne olursa olsun kimse değersizleştirilmeyi hak etmiyor. Narsisler özgüven eksikliği yaşayan insanlardır. Bu yüzden kurbanını biraz daha enerjisi yüksek ve kapasiteli insanlar arasından seçer. Sonrasında seçtiği kişinin özelliklerini yok sayarak, değerinden çalarak kendini değerli hissetmeye çalışır. Narsislerin psikolojileri budur. Onun karşısında gitgide eziliyorsun, altta kalıyorsun ve sürekli değersiz hissediyorsun. Hatta o kadar değersiz hissediyorsun ki "Bu adam benimle birlikte olmayı lütfediyor" gibi algılamaya başlıyorsun.

Ayrıca bir konuyu daha gündeme getirmekte fayda görüyorum. Sürekli ayrılıp barışmalarla devam eden ilişkiler var. Oysa bir ilişkinin rutininde sürekli ayrılıp barışmak yoktur. İlişki bu şekilde yaşanıyorsa o işin içinde mutlaka bir narsisizm vardır. Çünkü narsis kaybettiği zaman üzerine gider. Narsis sürekli hata yaptığı ve ayrılığa neden olduğu halde sonra yalvararak yakararak kendini affettirmeyi başarıyor. Oysa narsis egosu elindekini sevmiyor. Eldeki kuşu değil, daldaki kuşu seviyor.

Kişilik bozukluğu olmayan insanlarda pişmanlık duygusu ağırdır. Narsis pişman olan kişi değildir pişmanmış gibi yapandır. Buna da dikkat etmek gerekir. Çünkü pişman olan insan aynı şeyi bir daha yapmaz ama narsis daha şiddetli şekilde yapmaya başlar.

Bu yüzden ilişkilerde trip atma, ayrılma, kavga etme ve barışma sahneleri adrenalin ve heyecan dolu gibi gelir. Çünkü narsisler başlangıçta çok yoğun sevgi gösterirler elde etmek için.

Hakan Mengüç: Kendimizi sevmek kötü bir şey değil. Kendimizi tabii ki seveceğiz ama her şeyin nasıl bir dengesi varsa ilişkilerin de dengeli olması gerekir. Mesela portakal suyunu gerektiğinde hiç içmemekle, on bardak içmek iki sağlıksız uç noktadır. Aşırıya kaçmaktır. İkisinden de fayda elde etmek mümkün değildir. Aynı şekilde narsis de ilişkiye başlarken farklı, yaşarken farklı reaksiyonlar gösterir. İlişkiye başlayabilmek için çok yoğun çaba gösterir. Olağanüstü şekilde elde etme mücadelesi verir.

Bu yüzden hep şunu söylerim: Eğer bir insan fazla mutlu görünüyorsa ve fazla fedakârlık gösteriyorsa ona dikkat etmek lazım. Tabii ki her mutluluk riskli değildir. Sonuçta hepimiz insanız. İnişlerimiz çıkışlarımız olabilir. Hayat daima yukarı doğru düz bir çizgide ilerlemez. Ben sadece sürekli tek bir duygu durumunda kalan insanlara karşı dikkat etmek gerektiğini hatırlatmak istiyorum. İniş çıkış göstermemek risktir.

Nilgün Bodur: Yoğun ilgi, yani "Beni daha önce kimse böyle sevmedi" duygusu çok hoşumuza gidiyor Hakan. Ama yoğun ve kesintisiz ilgiye karşı tedbirli olmakta fayda var. Eğer yoğun iltifatlara, hediyelere ve yoğun duygulara boğulduğun bir ilgi görüyorsan, fakat sonrasında bütün bunlar geri alınmaya başlıyorsa bir narsisin kurbanı oldun demektir. Bu illüzyona geri dönebilmek için verdiğin her çaba karşılıksız kalacaktır.

Tabii ki affetmek güzeldir, hatalar yapılabilir ama dediğim gibi bir şeyi düzeltmek için fazla uğraşmak büyük enerji kaybına neden oluyor. Açıkçası kimse bu kadar çabayı hak etmiyor. İlişkinin başındaki "büyük aşk" yani diğer adıyla "loveboming" evresindeki aşk gösterilerine aldanıp sonrasında bu büyük aşkı kaybettiğinizde başa dönmek üzere çaba gösterirken, çabanızın dozuna biraz dikkat edin derim.

Yoğun ilgiye dikkat

Hakan Mengüç: İlişkiyi deneyimleyenler, genelde ya ilişki ortasında ya da ilişki bitmeye yakın süreçte profesyonel yardım talep ettiklerinde çoktan bir narsisin ağına düşmüş oluyorlar zaten. Bu aşamadan sonra yapılabilecek en iyi şey bir sonraki ilişkiye deneyimli başlamak ve narsisleri artık tanıyor olmak...

Ne var ki bilmek de çok zaman yetmiyor. Narsisler öyle yoğun sevgi gösterirler ki, onu tanısanız da karşılıksız kalamazsınız.

İlgisi hoşunuza gidecektir ve yine kendinizi durduramayacaksınızdır. Dediğim gibi narsisleri tanımanıza rağmen yeniden aynı ağın içine düşmeniz an meselesi. Çünkü herkes sevilmek ister. Herkes değer görmek ister. Sevildiğini gördüğünde de duyarsız ve tepkisiz kalmak istemeyebilir. Bu noktada da denge çok önemli...

Nilgün Bodur: Her sevgi gösterisi narsisizm değildir tabii. Gerçek sevgi de vardır ama dediğin gibi her şeyin sağlıklı boyutu ve dengesi önemli. Bu konuyla ilgili çok forum okudum, çok araştırmalar yaptım. Öğrendim ki narsistik ilişkiden sıyrılan kadın kurban, genelde başka bir narsise âşık oluyor, çünkü onu arıyor.

Bence iki ilişki arasında nefes alıp önce kendini bulmak ve kendinle mutlu olmak gerekir. Kendine güvenen, iç dinamiğinden emin olan insanlar zaten dışarıdan gelebilecek zararlara da çok açık olmuyorlar. Yani ilişkiyi ilişkiyle unutmak yerine insanın kendisiyle baş başa iyi olması gerekir ki yeni bir narsisi hayatına çekmesin.

Hakan Mengüç: Ayrılık acısını iyileştirme sürecinde başka bir kadın ya da erkek tercih edildiğinde aslında sorunu iyileştirmiş olmuyorsun. Dişin ağrıdığında ağrıkesiciyle durumu baskılamak dişin çürümesine engel olmaz. Sadece doktora gitme sürecini erteler. An gelir, ertelediğin şeyle yüzleşirsin. Ben ertelemeyi doğru bulmuyorum. Ertelemek, uzun vadede bir sancıyı sürekli baskılamak ve ileride tedavi olunamaz başka bir hastalığa sürüklenmek demektir.

Nilgün Bodur: Ben her zaman kendinize güveninizi hiçbir zaman yitirmeyin derim. Kim ne derse desin, kim ne düşünürse düşünsün kendi değerinizi bilin çünkü ancak bu şekilde narsislere karşı kendinizi koruyabilirsiniz. Sadece özel ilişkilerde değil, sosyal tüm ilişkilerde narsislerle baş başa kalabiliyoruz. Bugünden itibaren çevrenize bakının ve narsisleri koklayın bence...

Hakan Mengüç: Narsisler tabii ki sosyal hayatın içindeki ilişkilerimizde de karşımıza çıkabiliyor. Mesela adamın özgüveni düşük ve bunu kendisine bile söyleyemiyor. Ne yapıyor? İşyerinde alt pozisyonda çalışan insanları ezerek, aşağılayıp küçümsüyor ve böylece kendini iyi hissetmeye, değerini yükseltmeye çalışıyor. Çünkü bir başına yükseğe çıkamıyor ama yüksekte gözükmek istiyor ve yapabileceği en iyi şeyin diğer insanları aşağıya çekmek olduğunu düşünüyor.

Adolf Hitler, tarihin gördüğü en büyük narsis

Nilgün Bodur: Narsisler genellikle başarılı insanlar. Çünkü narsislerin empati yeteneği olmadığı için kendi amaçları ve hırsları doğrultusunda hareket ederken diğer insanları ezerek yükselmeyi amaç ediniyorlar. Bu yüzden de yükselebiliyorlar çünkü biz adım atarken başkasını incitiyor muyuz diye dikkat ederiz.

Narsis sadece insanları kullanarak yükselmeyi sever çünkü sadece kendine âşıktır. Empati yeteneği olmadığı için de vicdan ve merhameti gelişmemiştir. Bu sebeple yükselebilir. Zaten tek arzusu yükselmek, başarılı, zengin ve popüler olmaktır.

Güçlü ve popüler insanlarda narsisizm oldukça fazla. Liderlik özellikleri de yüksek. Örneğin Adolf Hitler de tarihin en büyük narsislerinden biri...

Hakan Mengüç: Liderler açısından konuya bakıldığında iki ayrımdan bahsetmek gerekir. Azim ve hırs ayrımı... Doğal ve gerçek bir lider olarak kendi tarihimizden Mustafa Kemal Atatürk'ü örnek verebiliriz. İyi bir stratejist ve empati gücü kuvvetli, zeki bir liderdir. Durması gerektiği yeri bilecek bilinçtedir. Ne var ki Hitler gibi hırslı kişiler durmazlar. Vahşetten kaçınmazlar. Dünyayı mahvetmeyi göze alabilirler. Hırslarının kurbanı olurlar.

Nilgün Bodur: Tabii ki... Çünkü sadece hırsları devrede... Hedeflerine doğru adım atarken ne can, ne mal, ne para, hiçbir şey düşünmeden hareket ederler. Tabii ki şu an uç bir örnekten bahsediyoruz. Sonuçta narsisizmin de dereceleri var. Konuya dönecek olursak üstü örtülü narsislerden korunmanın ya da acı çekmeden onlarla olan ilişkilerden kurtulmanın yolu olaya teknik bakmak, duygusal düşünmeyip "Bu kişi bir narsis, yapabilecek bir şey yok" deyip olay mahallinden uzaklaşmaktır.

Hakan Mengüç: Çoğu insanın ekonomik ve sosyal koşullardan dolayı hayatı tekdüze geçebiliyor, bunun da farkındayım. Buna karşılık büyük ilgi, sevgi ve heyecan gördüklerinde makul ve temkinli olamayabiliyorlar. Dediğim gibi herkes sevilmek ister, ilgi görmek ister. Yine de narsislerin farkına varalım derim. Nasıl ki uyuşturucu da kısa süreliğine iyilik hissi verse de yarattığı bağımlılıkla hayatı mahvedebiliyor, aynı şeyi narsisler de yapabiliyor.

Her şeyi uzun uzadıya burada anlatmanın imkânı yok ama YouTube'daki videolarımda sıkça anlatmaya çalıştım. Kendi değerimizi, özsaygımızı, öz-sevgimizi keşfederek doğru insanı kendimize çekebiliriz. Doğru enerjiye gelirsek, içimizdeki negatif inançları değiştirirsek doğru insan karşımıza çıkacaktır zaten. Allah herkesi doğru insanlarla karşılaştırsın.

Bir psikiyatr demiş ki: Hiçbir zaman bize gerçek hastalar gelmez. Gerçek hastaların hasta ettikleri gelir.

Doğru İnsanı Hayatıma Nasıl Çekerim?

İlişkiler konusunun sonuna geldik artık.

Buraya kadar yazılanları zaman zaman yeniden okumanı öneririm. Çünkü ruh halin değiştikçe, algın da değişeceği için kitaptan alacağın verim de başka olacaktır.

İlişkiler konusunda üzerinde en çok durulan noktalardan biri de doğru insanı çekebilmektir.

Karşına genelde mizaç olarak birbirine çok benzeyen insanlar çıkıyorsa ve dönüp dolaşıp hep aynı türden ilişki problemleriyle karşı karşıya kalıyorsan bilinçaltından bu insanları çağıran enerjiler yayıyorsundur.

Sonraki bölümde doğru insanı hayatımıza nasıl çekebileceğimizin bilimsel temellerini ayrıca ele alıyor olacağım ama şimdilik sistemin genel mantığından bahsetmek isterim.

Elinde bir radyo olduğunu düşün. Radyoyu açtın ve rasgele bir frekans çevirdin. Diyelim ki arabesk müzik çalıyor.

"Ne seninle yaşanıyor ne de sensiz oluyor bu bomboş dünya" diyor şarkıda...

Ne hissettin?

Kötü anılar canlandı değil mi?

İster istemez depresif bir ruh haline girdin.

Fakat radyonun frekansını değiştirmeye devam ediyorsun. Yeni bir şarkı daha buldun. Bu kez bir türkü çalıyor.

"Gesi bağlarında dolanıyorum" diyor türkü...

Ne oldu?

Kendini kır çiçeklerinin arasında dolaşırken mi hayal ettin?

Frekanslar arasında dolaşmaya devam ediyorsun.

Şimdi de karşına caz müziği çıktı.

Kendini Paris'te bir kafede dostlarınla sohbet ederken canlandırıyorsun gözünde.

Gördüğün gibi, radyo frekansları elinin altında... Hangi müzikle, hangi duyguyu deneyimlemek istediğin tamamen sana ait.

Hangi şarkıyı açarsan, onu duyarsın, onun duygusunu yaşarsın.

Bedenin de, zihnin de tıpkı radyo gibi çalışır.

Dünyanın doğasında iyilik, kötülük, sevgi, bolluk her şeyden bolca var. Frekansın hangisine ayarlanmışsa onu yaşar, onu hissedersin.

Şimdi enerji bölümüne geçiyoruz. Bu bölümde enerjimizi değiştirmeyi, doğru ilişkiyi, bolluğu ve sağlığı hayatımıza nasıl çekebileceğimizi inceliyor olacağız.

Halk içinde muteber bir nesne yok devlet gibi
Olmaya devlet cihanda bir nefes sıhhat gibi.

– Kanuni Sultan Süleyman

III. BÖLÜM

MÜKEMMEL SAĞLIK VE ENERJİ

Çoğu insan sağlıklı olmayı, hasta olmamak olarak algılar. Acaba gerçekten öyle mi? Mesela birçok insanın fiziksel bir problemi yoktur ama enerjileri çok düşüktür. Sabahları isteksizce uyanırlar. Gün içinde kendilerini yorgun ve bitkin hissederler. Sizce bu insanlar kendilerine sağlıklıyım diyor mu? Peki nedir sağlıklı olmak? Eğer kendinizi "Fena değil..." "Eh işte!" hissediyorsanız ya da bir şey hissetmiyorsanız benim düşünceme göre pek sağlıklı değilsiniz demektir.

Sabah uyandığınızda yatak mı sizi kendine çekiyor hayat mı? Eğer yataktan kalkmak istemiyorsanız, hayat değil, yatak sizi kendine çekiyor. Hayatın sizi kendine çekebilmesidir sağlıklı olmak.

Sağlıklı olmak küçük çocukların hissettiği gibi enerjik hissedebilmektir. Mutlu olabilmektir. Canlılık hissetmektir. Çocuklar geceleri kolayca ve rahatça uyurlar ve sabahları uyandıklarında kendilerini yeniden doğmuş gibi hissederler, canlıdırlar ve birden ayağa kalkarlar. Her yeni gün için hevesli ve heyecanlıdırlar.

Çocukken hepimiz öyle hissediyorduk ve hâlâ öyle hissedebiliriz.

Çoğu zaman sağlığımızı olumsuz bir şekilde etkileyen etmen olumsuz inançlarımızdır. Nedir bu inançlar? "Kolay hasta olurum..." "Midem çok hassas..." "Artık yaşlandık bizden iş çıkmaz..." "Bir türlü kilo veremiyorum..." "Belli bir yaştan sonra vücudun enerjisi düşer..." "Ona alerjim var..." "Yaş yetmiş iş bitmiş..." gibi sözler bir süre sonra inançlarımıza dönüşüyor ve inançlarımız da sağlığımızı etkiliyor.

Dr. Norman Cousins diyor ki: "İlaçlar her zaman şart değildir, ama inanç her zaman şarttır."

Dr. Bruce Lipton'un Parkinson hastası bir beyefendi hakkında anlattığı bir hikâye vardı. Bu beyefendinin babası da Parkinson hastasıymış ve kendisi de yıllar boyunca bu hastalığın genetik etkenlerle de olduğunu bildiği için, bu hastalığa yakalandığına pek şaşırmamış. Hatta hemen kabullenmiş. Fakat tedavi sürecindeyken şok edici bir gerçekle yüzleşmiş ve babasıyla ilgili testler getirildiğinde babasının kendi babası olmadığını, üvey babası olduğunu öğrenmiş. Babası birkaç yıl önce de vefat ettiğinden bu durumla ilgili yüzleşememiş. Fakat babasının üvey olduğunu öğrenmesi onun hastalığın genetiğiyle ilgili bütün fikirlerini değiştirmiş ve çok ilginç bir olay yaşanmış, bu beyefendinin birkaç ay içinde hastalığı tamamen iyileşmiş.

Bu hikâyeden anlaşılıyor ki, bu kişi düşünceleri ve inancıyla kendi kendini hasta etmiş.

Demek ki sağlığımız için, olumsuz inançlarımızdan kurtulmalı, olumlu inançlar edinmeliyiz. Kitabımızın ilerleyen bölümlerinde bu konuyu etraflıca inceledik.

> *"Bir insan kalbinde ne düşünüyorsa, odur."*
>
> – Hazreti Süleyman

Büyük Bir İyileşme Hikâyesi

Yıllar önce sağlık ve şifayla ilgili bir belgeselde 5 yaşındaki serebralpalsi (beyin felci) bir çocuğun iyileşme hikâyesini dinlemiştim. Serebralpalsinin şu an bilinen tıbbi bir çözümü olmadığı söyleniyor. Doğduğunda hastalığından dolayı yürüyemiyormuş ve bu hem kendisi hem de ailesi için gittikçe zorlaşan bir durummuş.

Bir gün ailesi kendi şehirlerine bir şifacının geldiğini haber alıyor ve oğullarını şifacıya götürmeye karar veriyorlar. Şifacı çocuğu çok güzel karşılıyor ve ailesinden durumu öğrendikten sonra onunla çalışmak için uzanmasını istiyor. Daha sonra ona hiç dokunmadan elleriyle şifa çalışması yapıyor ve enerji veriyor.

10 dakikalık şifa çalışmasından sonra ancak koltuk değnekleriyle yürüyebilen çocuk, koltuk değnekleri olmadan adımlar atmaya başlıyor. Daha sonra çalışmalara devam ettikçe ufaklık artık adamakıllı yürümeye hatta koşmaya başlıyor. Ailesinin başlardaki şaşkınlığı bir süre sonra yerini mutluluğa bırakıyor.

Tıbben imkânsız olarak görülen bu olay, kayıtlara geçmiş ve ben çocuğun yürüyüp koştuğunu kendi gözlerimle gördüm.

Peki bu güzel çocuğu iyileştiren neydi? Pek çoğumuz şifacı olarak düşünebilir ama şifacı sadece bir aracıydı. Pek çok kadim kültür şifanın yani evrensel enerjinin hep var olduğuna, sadece bizim onu kullanamadığımıza inanır.

Her kadim öğreti ve din, insanın dünyanın halifesi olduğunu söylemiş. Ve insanı çok güçlü bir varlık olarak nitelemiş. Peki gerçekten öyle mi?

Yukarıda verdiğimiz çocuk örneği bile, aslında bizim nasıl bir güce sahip olduğumuzu gösteriyor.

Hacı Annemiz ve İyileşmeler

Küçükken bize her ay hacı annemiz gelirdi, bir hafta bizde kalırdı. O geldiğinde annemin arkadaşları ve komşulardan hastalar gelir, hacı annemiz onlara dualar okur, okunmuş sular verirdi. Ben de onun dizinin dibinde oturur izlerdim. İnsanların hastalıklarının iyileşme hikâyelerini ta o zamanlardan beri biliyorum ve bizzat şahit olduğum için de inanıyorum. Hatta bana da dualar öğretir, gelen insanlara benim de okumamı isterdi. Sonradan öğrendim ki, o zamanlar okuduğu ayetler Kuran'daki şifa ayetleriymiş.

Hatta gelenler arasında doktorlar da olur, bazen kendi hastalarını ona yönlendirir, "Hacı annem bu hastam gerekli tedavinin hepsini görüyor, sen de ona manevi anlamda destek olursan çok sevinirim" derlerdi.

Tüm bu olanları izler ve kendimce pek bir anlam veremezdim. O zamanlar tasavvufla gerçek anlamda tanışmamıştım.

Enerjimle Tanışmam ve Sorgulama Sürecim

Kitabın başında bahsettiğim tasavvuf hocamla tanıştıktan sonra hacı annemle olan deneyimlerimi hatırlamış aynı zamanda kendi içimdeki enerji yeteneğimi de keşfetmiştim. Ellerimde yoğun enerjiler hissediyor ama bunların bir bilimsel açıklaması olmadığı için bunun psikolojik olduğunu düşünüyordum.

Fakat yine de başı ağrıyanlar olduğunda ellerimi koyardım ve onlar da iyi olduklarını söylerlerdi. Ben de madem iyi hissediyorlar, ne zararı olabilir ki diye çevremdekilere bunları uyguluyordum.

Yıllar sonra bu konuyu bilimsel olarak araştırmaya başladım ve ilkönce enerjinin ne olduğunu araştırdım, sonra da bunu nasıl kullanacağımızı.

Enerji Nedir?

İnsanoğlunun sınırları ne? Düşüncelerimiz maddeyi etkileyebilir mi? Ve bizim düşüncelerimiz gerçekten çevremizdeki dünyayı değiştirebilir mi? Bugün birçok bilim insanı bu sorulara evet etkileyebilir cevabını veriyor.

Eski Çinliler ona chi derlerdi, Romalılar spiritus, Hindular ise prana...

Anadolu'daki sufiler de Kuran'daki "Biz ona kendi ruhumuzdan üfledik" ayetine dayanarak "Yaradan'ın nefesi..." "Yaradan'ın özü..." diyorlar. "Bir ben vardır bende benden içeri" diyor Yunus Emre

Her canlının içinde bu öz, bu evrensel enerji var. Bilim insanları buna, maddenin doğal frekansı diyor, bazı biyologlar biyofoton diyor; bazı araştırmacılar da; aura ya da morfogenetik alan diyor.

Bu konuda çalışmalar hâlâ devam ediyor. Bu konuda çalışan bilim insanları şifanın bu biyofoton veya maddenin doğal frekansının yönlendirilmesi sayesinde olduğunu söylüyorlar. Hangisi doğru olursa olsun bir gerçek var ki, biz bu evrensel enerjinin içinde yaşıyoruz.

Yani enerji mistik bir şey değil, her an onun içindeyiz. Her an enerjimizle birbirimizi sürekli etkiliyoruz. Bilirsiniz pozitif enerjisi olan biri bizi olumlu yönde etkilerken negatif insanlar, hayatımızı bunalıma sokabiliyor. Yaşıyoruz bunu... O yüzden enerjiye mistik bir durum gibi bakmayın. Hani şair diyor ya, "Ol mahiler ki, derya içredir, deryayı bilmezler." Mahi balık demek, derya da deniz anlamına geliyor. Yani o balıklar ki, denizin içinde denizin ne olduğunu bilmezler. Biz de bu enerjinin o kadar içindeyiz ki, balıklar gibi bunun farkında değiliz.

Enerji Üzerine Bilimsel Çalışmalar

Enerji konusuna kendimi daha da inandırmak için araştırmalar yapmaya devam ettim ve Noetik Bilimler Enstitüsü'nü buldum.

Noetik Bilimler Enstitüsü (Institute of Noetic Sciences)

1973 yılında eski astronot Edgar Mitchel ve Paul N. Temple tarafından insan potansiyelinin sınırlarını araştırmak için kurulmuş. Bu akademinin programı "insan kapasitesinin genişletilmesi, insan gücünün açığa çıkarılması", "bütünsel sağlık" konularını içermektedir. Ayrıca araştırmalar şifa, şifanın bilimi, mucize iyileşmelerin altındaki sebepler konularını da içermektedir.

Enstitü üç ayda bir *Shift: At the Frontiers of Consciousness* (Değişim: Bilincin Sınırlarında) adlı bir dergi yayımlıyor. Bu akademi merkezi Kaliforniya Petalum'da olan organizasyon 80 dönümlük bir arazi üzerinde kurulmuştur. Kampusta ofisler, araştırma laboratuvarları ve dinlenme merkezleri vardır.

Kaliforniya'daki Noetik Bilimler Enstitüsü Haziran 2009'da düşüncelerimizin ve zihnimizin tüm çevreyi ve içindekileri etkilediğini, buna suyun da dahil olduğunu kanıtlayan çok bulgular bulunduğunu duyurdu. Masaru Emoto'nun düşüncelerin su üzerindeki etkisi araştırmasını tekrar yapmak için Dr. Dean Radin, Emoto'nun deneylerini daha sıkı kontrollü ve objektif deneylerle test etti ve çalışmalarını hakemli dergi *Explorer*'da yayımladığını söylemektedir.

Ardından ikinci iddialı bir deney daha yapıldı ve yine hakemli bir dergi olan *Journal of Scientific Exploration*'da 2008'de yayımlandı ve bu deney önceki gibi Emoto'yu doğrular niteliktedir.

Sen düşünceden ibaretsin.
Gül düşünür gülistan olursun,
diken düşünür, dikenlik olursun.

– Mevlana

Enerjiye İnanma ve Kullanma Sürecim

Araştırdıkça şüphelerimden arınmaya başladım ve kendime inandım. Sadece Noetik Bilimler Enstitüsü değil, Londra'da 1882 yılında kurulan Ruhsal Araştırmalar Derneği, Amerika'da 1930 yılında Duke Üniversitesi'nin telepati deneyleri, Las Vegas'taki Nevada Üniversitesi ve Princeton Mühendislik Anomalileri Araştırma Laboratuvarı insanın aşkın yönünü, enerji yönünü ve metafizik konularını inceliyorlardı.

Bu üniversitelerin ve enstitülerin çalışmalarını okudum, Türkiye'de bu konuda çalışma yapan akademisyenlerle tanıştım. Yıllar sonra İstanbul'da akademisyen ve doktorlardan oluşan bir grup kurmuştuk ve "salı toplantıları" adı altında her salı toplanıp bu konuları tartışırdık. Herkes kendi hastalarından ve çalışma alanından örneklerle konuya katılırdı.

Tabii ben sonuçta bir akademisyen değilim, bizim yaptığımız çalışmalar da bilimsel çalışmalar değil. Fakat akademisyen olmamak bu konuları konuşmamıza engel teşkil etmiyor.

Enerji Çalışmalarım

Enerji çalışmaları yaptığım herkese tıbbi tedavilerine devam etmeleri, doktorlarına benimle yapacakları çalışmadan bahsetmeleri ve onların onayıyla ancak çalışabileceğimi ilettim. Çünkü hiç kimsenin sağlığını riske atmak istemezdim asla. Böyle insanlar vardı ve insanların sağlığını riske atabiliyorlardı ama ben asla onlardan biri olmayacaktım.

Hem enerjiye, maneviyata, hem de bilime inanan bir insan olacaktım ve kendi bilmediğim konularda ahkâm kesmeyecektim. Bu koşullar altında basit çalışmalarla başladım. Örneğin migren tedavisi görenlerle çalıştım. İlk çalıştığım kişilerden biri Bursa'da bir doktordu ve iki kere çalışmamızdan sonra migreni tamamen geçmişti. Çevresine o kadar anlatmış ki beni, bir süre onun çevresindeki bir sürü migren tedavisi gören insanla çalıştım.

Bu kişilerle çalıştıktan sonra onların süreçlerini 1-2 sene takip ediyordum ne gibi gelişmeler var diye ve büyük bir kısmı bir daha hiç problem yaşamamıştı.

Onların tüm hayatını mahveden bir ağrının hayatlarından çıkmış olmasının ne kadar önemli bir şey olduğunu anlatırlardı bana hep.

Gerçekten de öyle, insanın vücudunda şiddetli bir ağrı varken hiçbir şeyden tat alamıyor. Hiçbir şeye tam olarak odaklanamıyor. Keyifsiz bir şekilde hayatını sürdürüyor. Oysaki her ağrı insanın kendini tanıması ve potansiyelini keşfetmesi konusunda bir fırsattır. Çoğu zaman yaşadığımız hastalıklar, acılar ve ağrılar bizi maneviyata veya kendimizi keşfetme yoluna sürüklüyor.

Bir gün kötü bir haber aldım.

Yıllar geçmişti, İstanbul'a taşınmıştım ve bir gün ailemden bir telefon geldi. Anneme kanser teşhisi konmuştu ve çok kötü durumdaydı. Hemen o gece Bursa'ya geçtim. Annemin raporlarını tanıdığım doktorlara sordurdum. Durum kötü gözüküyordu. Bana kötü olduğunu direkt söylemiyorlar ama ses tonlarından anlıyordum.

Annem tedavisini görmeye, ilaçlarını almaya devam ederken, her gün onunla enerji ve şifa çalışmaya başladım. İstanbul'daki işlerime bir süre ara verdim ve işleri ofis arkadaşlarıma devrettim. Annemle çalışmalarıma devam ediyor, aynı zamanda onunla hastaneye de gidip geliyordum.

Belli bir süre sonra Bursa'ya haftada bir gitmeye başladım. Gittiğim zaman iki gün kalıyordum ve enerji-şifa çalışmaya devam ediyorduk. Aradan 6 ay geçmişti ve iyi sonuçlar almaya başlamıştı.

Yedinci ayda doktor bize o beklediğimiz mutlu haberi vermişti. Kanser tamamen temizlenmiş ve annem iyileşmişti.

Şimdi aradan 5 sene geçti ve çok şükür annem hâlâ iyi.

Sonradan öğrendim ki, babama annem için 6 ay ömrü kalmış diyen doktorlar dahi olmuş. Ama annem şu anda gayet sağlıklı. Sadece yaşlılığın getirdiği bazı problemleri yaşıyor o kadar.

İlk defa ailemden birine de şifa konusunda yardımcı olmam beni çok mutlu etmiş ve bu enerjinin varlığına daha da inanmamı sağlamıştı.

Bilge bir doktor, en iyi ilacın ilgi ve sevgi olduğunu söylemiş. "Ya işe yaramazsa?" diye sormuşlar. Gülümsemiş ve şöyle yanıt vermiş. "O zaman dozu artırın."

Enerji Çalışmaları ve Şifa

Şifa konusunda birçok çalışma yapmam ortaya bir sorun çıkartmıştı ve günlerimin çoğunu alıyordu. Şifa çalışmalarını gönüllü bir şekilde, ücretsiz yapıyordum ve artık vaktimin çoğunu aldığı için normal işlerimi yapma durumum sıkıntıya düşmüştü. Böylelikle çalışmaları kısıtladım ve haftanın sadece iki gününü şifa çalışmalarına ayırdım.

Fas ziyaretimde bir şifacıyla tanıştım ve o da bana, "Sen yaratıcının enerjisini kullandığın için para almak istemiyorsun ama yine yaratıcının bir yasasına karşı geliyorsun" demişti. Nedir diye sorduğumda, "Alma-verme dengesi" demişti. "Sen o kişiye enerjini değil, zamanını veriyorsun, çünkü enerji zaten sana ait değil. Ama zamanını kullanma tasarrufun sana ait. Sen ona zamanını verirken bunun karşılığında da bir şey almıyorsun, bu çalışmanın sağlığı açısından da iyi değil."

Onun o sözünden sonra çok düşündüm. Evet alma-verme dengesini kurmalıydım ama enerjiden kazandığım parayı da harcamak hâlâ bana çok doğru gelmiyordu. Sonra maddi durumu olmayan öğrencileri hem tasavvuf hem de kişisel gelişim konularında yetiştirmek istediğim Sufi Akademi geldi aklıma. Sufi Akademi'de maddi durumu olmayan öğrencileri eğitiyordum, bunların birçoğu psikoloji, sosyoloji veya tıp öğrencisi. Fakat o zamanlar ofisim onları almak için yetmiyordu. Enerji çalışmalarından aldığım parayla hafta sonu Taksim'de bir otelin toplantı salonunu kiralıyor, eğitim materyallerini de ücretsiz veriyorduk.

Bu durumu da o şekilde çözmüş olduk. Enerji çalışmaları yaptığım kişiler Sufi Akademi'ye katkı sağlıyorlar.

Bugün hâlâ enerji çalışmalarından kazandığımız parayı hafta sonu Sufi Akademi'de gençlere özel yaptığımız eğitimlerde kullanıyoruz. Oraya gelen eğitmenlere, eğitim materyallerine veya bazen düzenlediğimiz gezilerde kullanıyoruz.

Öğrenciler hiç para harcamadan eğitim alıyorlar. Peki onların alma-verme dengelerini nasıl sağlıyoruz? Eğitimleri bitince onlar bir sonraki sınıfa gelenlere tüm eğitim süreçleri boyunca ücretsiz stajyer eğitmenlik yapıyorlar. Ve ücretsiz aldıkları eğitimlerin bedelini böyle ödüyorlar. Ve böylelikle hem hayırlı bir iş yapıyoruz, hem de alma-verme dengesini koruyoruz.

Amerika'dan Gelen Hasta

Yaptığım bireysel danışmanlık çalışmalarının yanında enerji çalışmalarına devam ediyordum. Bir gün çok sevdiğim bir tanıdığım Amerika'dan gelen bir arkadaşı için benden yardım istedi. Kendisi 6 yıldır hem Amerika'da hem de yazları İstanbul'da yaşıyordu. Buraya geldiğinde de kanser tedavisine devam ediyordu. Öneren arkadaşım da bir kalp cerrahıydı. Fakat özel sebeplerden ötürü evine gitmem gerektiğini söylemişti.

Evine gittim ve öncelikle onu dinledim. Bana bütün hastalıklarının raporlarını gösteriyordu. Onları bir kenara bırakmasını, zaten onunla doktorların ilgilendiğini söyledim.

Evinde pozitif düşünceyle ilgili bir sürü kitap vardı, hepsini okuduğunu söylüyordu ve bana serzenişte bulunuyordu: Bu kadar olumlu düşünmeye çalışmama rağmen neden hep negatif şeyleri kendime çekiyorum? Belki ağzından çıkardığı birkaç cümle olumluydu ama duruşu, konuşması, hali tavrı hep negatifti.

Ona ilkönce düşüncelerin hayatımız üzerindeki etkisini anlattım. Bu konuyu kitabımızdaki çekim yasası bölümünde ayrıntılı olarak inceledik.

Sonra enerji çalışmaları yaptık ve negatif inançlarından onu arındırdık. Doktorlarının tıbbi tedavisi yanında manevi yönden de epey ilerlemiştik. Tasavvufla ilgileniyordu ve ona hazırladığım ney kayıtlarını, bilinçaltı ses kayıtlarını dinliyordu. Bir yıl sonunda kendi çabaları, azmi ve çalışması sonuç vermişti ve vücudu kanserden tamamen temizlenmişti.

Peki daha önce bu kadar çalışma denemiş ve istediği sonuca ulaşamamıştı, şimdi ne değişmişti? Hep söylerim, önemli olan doğru yöntemi uygulamak. Sadece onunla enerji çalışmak değil, onu dinlemek, onu gerçekten sevmek, neye ihtiyacı olduğunu hissetmek ve ona göre bir teknik vermek çok önemli. Bu konuyu anlatan çok sevdiğim bir hikâye var.

Nereye Vuracağını Bilmek

Bir fabrikada, büyük bir makine aniden durmuş. Tamirciler gelmiş, bir türlü çalıştıramamışlar.

Sonunda, yaşlı bir tamirci bulmuşlar. Tamirci, makinenin etrafında dolaşarak, dikkatli bir şekilde kontrol etmiş. Sonra, kendini izleyenlere dönerek, "Bana bir çekiç getirir misiniz?" demiş.

Çekiç gelmiş. Çekici eline alan tamirci, makineye yaklaşmış ve tespit ettiği bir yere çekici "tık" diye vurmuş. O da ne? Makine başlamış çalışmaya...

Patron, son derece memnun. Sormuş:

"Borcumuz ne kadar?"

"1000 dolar."

"Ne?... Çekiçle makineye şöyle bir vurdun, o kadar. Bunun için mi 1000 dolar istiyorsun?"

"Evet..." demiş adam kendinden son derece emin bir şekilde. "Bakın beyefendi. Çekiçle makineye vurmanın bedeli 1 dolar, çekici nereye vuracağını bilmenin bedeli ise 999 dolar."

İşte bu hikâyede de anlatıldığı gibi, önemli olan doğru yöntemi uygulamak. Yoksa yıllarca aynı çalışmaları yapıp ilerleyememiş bir sürü insan var.

Tam bu satırları yazarken yardımcım Can geldi ve kanser hastalarına bir seminer isteği olduğunu söyledi.

Arayan kişi de Göknur Damat'mış, kendisine birkaç yıl önce kanser teşhisi konulmuş ve doktorlar 6 ay ömrünün kaldığını söylemişler. Ve kanseri yenmiş. Hatta hikâyesiyle meşhur olmuş.

Göknur Hanım telefonda, kanseri yenme döneminde benim videolarımı izlediğini ve videolardan çok faydalandığını, kanseri yenme sürecinde çok destek olduğunu söylemiş.

Şimdi onun ayarladığı bir organizasyonda kanserli hastalara yönelik bir seminer hazırlıyoruz. Peki ne anlatıyorum böyle seminerlerde?

Eğer seminerin konusu şifa üzerineyse, onlara kendileriyle ilgili uygulayabilecekleri çalışmalar öğretiyorum. Aynısı senin için de geçerli sevgili okurum. Senin de kendini daha iyi tanıman ve kendinle çalışman için yöntemler vereceğim.

Bu yöntemleri sana sufilerin 7 nefis mertebesi yoluyla anlatacağım. Ney'in kamışlıkta başlayan yolculuğunu 7 aşamada anlatacağım. Belki bu yedi sayısını daha önce çok duydun. 7 çakra. Fatiha Suresi 7 ayettir. Gökkuşağı 7 renktir. Dünyada 7 kıta vardır. Gökyüzü 7 kattır. Bir haftada 7 gün vardır. Dünya'nın 7 harikası vardır. Müzikte 7 nota vardır. Kuran'da geçen 7 Uyuyanlar vardır. İncil'de Dünya'nın 7 günde yaratıldığı söylenir. Kâbe'nin etrafı 7 kere tavaf edilir. Kuran'da 7 gök tabiri, 7 kez geçer.

Gördüğün gibi 7 rakamı bu kadar evrensel bir rakam.

İşte tasavvufta ney insan-ı kâmili temsil ediyor, ney olma yolundaki her bir adım kamışı kemale erdiriyor. Her nefis mertebesinde kişi manevi yolda ilerliyor, Hakk'a bir adım daha yaklaşıyor.

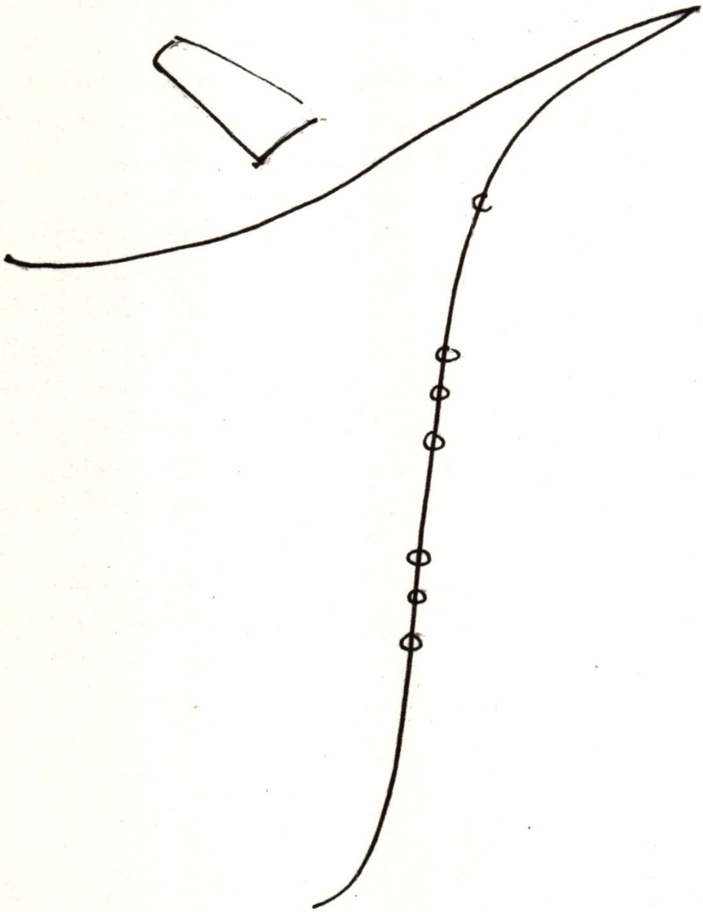

Bir kamışın 7 aşamada ney olma yolculuğu...

IV. BÖLÜM

7 NEFİS MERTEBESİ

Birinci Nefis Mertebesi

Sazlıktaki Kamışın Ney Yolculuğundaki İlk Adımı: Ayrılık

Kamışlar kalabalıktır ama içlerinden çok azı ney yolculuğunu tamamlayabilir. İnsanlar da sazlıktaki kamışlar gibidir.

İçlerinden sadece bazıları ney olma yolunda ilerlemeyi seçer ve dönüşebilir.

Bu yolda temel kural ney olmayı, yani kemale ermeyi istemek, arzu etmektir. Her şeyden önce kemale erebilme potansiyeli taşıdığından emin olmalısın. Kitabın başında anlattığım elmas hikâyesini hatırla lütfen. Ney olabileceğinin farkına vardığında, içindeki cevheri fark ettiğinde yolun açılır.

Ney olabilme, yani kemale erme potansiyeli taşıdığının farkında değilsen, kendini sıradan bir kamış olarak görüyorsan, kaygıların, korkuların ve endişelerin seni esir alır. Kamış olmaktan öteye bir adım bile gidemezsin.

Bu yüzden önce ney olabileceğine inan. Gerisi zaten kendiliğinden gelecektir.

İnsanların çoğu öyle zor zamanlar geçirmiştir, öylesine çetin deneyimlerden geçmiş, ağır yıkımlar yaşamışlardır ki kendilerine olan inançlarını yitirmişlerdir. Bu insanları içlerindeki potansiyele ikna etmek de zordur. Bu ruh halini, fil yetiştiricilerinin hikâyesine çok benzetirim.

Filleri yetiştirmek için onları küçükken kalın bir zincirle kazığa bağlarlar. Yavru filin zinciri koparabilmesi ve kazığı yerinden sökebilmesi mümkün değildir. Yavru fil bir süre zincirlerinden kurtulmak için çabalar, fakat sonucu değiştiremediğini görünce esaretini kabullenir. Yetişkin bir fil olduğunda, değil zinciri kırmak ağacı devirebilecek güce kavuştuğu halde küçük bir kazığın ucunda bağlı beklemeye devam eder. Başını kaldırması bile kazığı yerinden sökmeye yetecek olduğu halde, küçük bir hamlede bile bulunmaz. Çünkü hiçbir zaman özgür olamayacağına inanmıştır bir kere. Artık kırılamayan şey zincir değil, filin önyargısıdır.

Tabii ki fillerin kazığa bağlanmalarını asla tasvip etmiyorum. Çok şükür ki dünyanın birçok yerinde artık hayvanlı sirkler yasaklandı.

Şimdi düşün bakalım.

File yapılmasını hiç istemediğin bu davranışı sen kendine yapıyor olabilir misin?

Çoğumuz kendimizi zincirliyoruz. Çünkü özgür olamayacağımıza inanıyoruz, esarete mahkûm ediyoruz kendimizi. Oysa kolayca kurtulmak mümkün olduğu halde, en ufak bir hamle yapmaktan kaçınıyoruz.

Zihnindeki zincirlerden kurtul. Kâinattaki değerinin farkında ol.

Kendine değer ver ve bir ney olabileceğini hatırla. Hatırla ki yolculuk senin için de başlasın.

Değerinin farkına vardığında kaygıların,
korkuların da uzaklaşacak.
Çünkü korkuların senin değersizli
hissinden besleniyor.
Bu yüzden önce kendine değer ver,
düşüncelerini önemse.

Şimdi değişime olumlu düşünmeyle ve kalpten duayla başlıyoruz.

Kalpten Dua

Kalpten dua hakikatine günümüzde popüler adıyla ve biraz da eksilterek çekim yasası diyorlar.

Mevlana'nın "Kardeşim sen düşünceden ibaretsin, gül düşünür gülistan olursun, diken düşünür dikenlik olursun" sözü aslında her şeyi özetliyor.

Her düşüncenin bir dua niteliği taşıdığını unutmamak gerek. Bu noktada kendimize şu soruyu soralım:

Gün içinde binlerce düşünce geçiyor aklımdan,
bunların ne kadarı olumlu ne kadarı olumsuz?
Gül bahçesini mi çekiyorum kendime,
dikenliği mi?

Ne düşünüyorsan, onu kendine çekersin.

Köyden köye gezen satıcı bir adamın, bir gün yolu ormana düşer. Akşam vakti gelip de karnı acıkınca bohçasında az yemek getirdiğini fark eder. İki köy arasının bu kadar uzak olduğunu hesap edememiştir. Bir ağacın altına oturup erzakını çıkarır.

"Tüh!" der. "Keşke anamın çorbası olsaydı, yanında da bir kuru fasulye olsaydı ne güzel olurdu."

Bunun üzerine bir masa belirir karşısında. Üzerinde de bir tas sıcak çorba ve kuru fasulye... "Ah!" der adam. "Keşke yanında da bir tatlı olsa..."

Derken masada bir de tatlı belirir.

"Keşke bir de sıcak ekmek olsa..."

Anında bir de sıcak ekmek belirir. Adam yemeğini afiyetle yer. Karnı doyduktan sonra iç geçirir:

"Ağacın altında bir de yatağım olsaydı..."

Adamın bu isteği de gerçekleşiverir hemen.

Olan bitene inanamıyordur artık. "Allahım bu kadar iyilik neden?" der. "Muhakkak biri bana bir oyun oynuyor. Belki de gece bir hayvan saldıracak bana. Öldürecek beni..."

Hemen o sırada çalıların arasından bir ses duyulur. Bir kaplan çıkar ve adamın üstüne saldırarak onu yer.

Meğerse adamın oturduğu yer sıradan bir ağaç değilmiş, o ağaç nadir bulunan bir dilek ağacıymış. Ağaç, düşündüğü her şeyi gerçekleştiriyormuş.

Sen de bilmelisin ki dünya da bir dilek ağacıdır ve her ruh bu dilek ağacından nasiplenir. Söylediğin her şey karşına çıkar. Herkes inandığını yaşar.

"İyi ve güzel bir şey yaşadım, şimdi kesin kötü bir şey başıma gelecek" diye düşünürsen, öyle olur. Ne var ki "Ben iyiliği hak ediyorum, iyilikle karşılaşmayı seçiyorum" dediğinde iyilikler de sana cömertçe gelecektir.

Dünyanın bir dilek ağacı olduğunu unutma ve düşüncelerine önem ver.

> *"İnsanoğlu; ağzından çıkan cümlelerle, beyninde çakan düşüncelerin bütün evreni dolaşıp, tekrar onlara geri döndüğünü bilse, çok daha dikkatli olurdu."*
>
> – Albert Einstein

Bir duayı kalpten hale getirmenin ve çekim frekansını yükseltmenin 7 yasası

Sevgiyi, parayı, bolluğu, sağlığı kendine çekmenin bir yolu olan kalpten duanın 7 yasası vardır.

Bu yedi yasa, belki de şimdiye kadar hiç fark etmediğin birçok yeteneğinin ortaya çıkmasını sağlayacak. Uyuyan yeteneklerini, bilmediğin yönlerini, gerçek potansiyelini bu 7 esas sayesinde keşfedeceksin.

Yedi yasa

1. Olumlu Düşünmek
2. Sevgi
3. Koşulsuz İnanmak
4. Affetmek
5. İnsanlara Yardım Etmek
6. Şükretmek
7. Fiili Dua

1. Olumlu Düşünmek

Olumlu düşünmek, hayata tozpembe bakmak değildir. Olumlu düşünmek her şeyin olumlu bir yönü olacağını bilmek ve o yöne bakıp olumluyu aramaktır. Bazen yüzünde bir sivilce çıkar ve aynaya her baktığında gözün hemen oraya gider. Sivilceyi her gördüğünde de kendini kötü hissedersin. Olumlu düşünmek, sivilceyi yok saymak değil, sivilceye bakmak yerine sağlıklı olan yüzüne, gözlerine, canlılığına bakıp şükretmektir. Böylece stres azalır, bağışıklık sistemin güçlenir ve sivilcen çabuk iyileşir.

Sadece zekiler olumlu düşünebilir

Bir gün bir arkadaşımın ofisine ziyarete gittim, ofiste bir gerginlik sezdim. Yapacakları sunumu bilgisayardan televizyona bağlayacaklardı ama her ne olduysa sabah çalışan televizyon şimdi çalışmıyordu. Arkadaşım çok sinirliydi. Herkesi azarlıyordu. "Kim bozdu bu televizyonu?" diye bağırıyordu.

Arkadaşımı sakinleştirdim, sonra dönüp herkese "Arkadaşlar..." dedim. "Televizyonun sorununu kim çözebilir?"

İçlerinden biri "Ben biraz anlarım bu işlerden" dedi. Sonra diğeri, "Benim de bu işlerden anlayan bir arkadaşım var, buraya çok yakın" dedi.

Sonra ne oldu biliyor musun?

15 dakika sonra sorun çözülmüştü, televizyon tamir edildi, sunum yapıldı.

"Televizyonu kim bozdu?" diyerek boşuna zaman kaybetmektense, olumlu düşünmek ve çözüme odaklanmak, sorunların giderilmesinde her zaman çok daha verimli sonuçlar oluşturur.

Olumlu düşünmek, olanı görmemek anlamına gelmez. Çözüme hızlı şekilde gitmek demektir olumlu düşünmek.

"Hayatımda şu an kötü olan ne var?" deme. "Hayatımda neler iyi?" de ve ilerle. *Güzel güzeli çeker. Güzel düşünmeyi kendine âdet edinirsen, bir süre sonra kendiliğinden güzel düşünür hale gelirsin.*

"Düşüncelerinize dikkat edin; sözleriniz olurlar
Sözlerinize dikkat edin; davranışlarınız olurlar
Davranışlarınıza dikkat edin; alışkanlıklarınız olurlar
Alışkanlıklarınıza dikkat edin; karakteriniz olurlar
Karakterinize dikkat edin; kaderiniz olurlar."

– Mahatma Gandi

2. Sevgi

Sevgi öyle bir frekanstır ki hepsinden farklıdır. Bambaşkadır. Samimidir. İnsanları seveceğiz. Bunun yanında kendimizi de seveceğiz. Hayatımıza çekmek istediğimiz ne varsa seveceğiz. Düşünsene sevmediğin bir şeyi hayatına nasıl çekebilirsin ki?

Hepimiz hayatımıza kendimize uygun frekansları çekeriz. Frekansı uyumlamanın en kolay yolu, hayatımızda olmasını istediğimiz şeyi sevmektir.

Belki sen de "Paradan nefret ediyorum ama geçinmek için para şart" diyenleri görmüşsündür.

Ne hikmetse bu cümleyi kuranların hepsi maddi yönden durumu kötü olanlardır. Ben de tam bunu söylemek istiyorum işte. Sevmediğin hiçbir şeyi hayatında var edemezsin.

Bugüne kadar edindiğim danışmanlık tecrübelerim bana şunu gösterdi: Hangi gelir seviyesinde olursa olsun hemen hemen herkesin parayla bir problemi var. Mesela bir danışanım vardı, büyük bir fabrikanın sahibiydi ama o bile hâlâ gelirinden fazla borç altına giriyordu, beklenmedik şekilde kazancı eriyordu. Çok kazanmasına rağmen elde ettiği parayı idare edemiyordu.

Aynı şekilde çok yetenekli insanlar da var. Bunlar güzel para kazanabilecek potansiyele sahip olmalarına rağmen para hayatlarına bir giriyor, bir çıkıyor. Bir türlü dengede olamıyorlar.

Peki ama neden?

Çünkü parayla ilgili olumsuz düşünceler, bize ailemizden miras kalıyor. Çoğu zaman da parayla olan ilişkimizi daha biz çocukken toplum bozuyor.

Parayı sevmek ya da nefret etmek

Çok çalışmana rağmen para yaşamına rahatça girip çıkmıyorsa, işlerin rast gitmiyorsa, girişimlerin güzel başladığı halde devamı gelmiyorsa, hayatına bolluk akmıyorsa, bilinçaltında parayla ilgili bir engelin var demektir.

Parayla olan ilişkimiz genellikle küçük yaşlarda başlar, daha sonra bir ağacın kök salması gibi biz büyüdükçe bilinçaltımıza yayılır ve inançlarımıza dönüşür. Özellikle 20'li yaşların sonlarına doğru inançlarımızın karşılığı hayatımızda ortaya çıkmaya başlar. Olumluysa olumlu, olumsuzsa olumsuz...

Bu alanda önce kendimdeki kıtlık bilincimle, sonrasında sayısız danışımla çalışmalar yaptım.

Çoğu parayla ilgili egzersizleri doğru yapmasına rağmen, içsel çatışmaları ve olumsuz inançları onları bir noktada durduruyordu. Önemli toplantıların öncesinde hastalanıyorlar, bekledikleri ödemeler saçma bahanelerle gelmiyor, kolaylıkla yapabilecekleri işleri erteliyorlar, tam para kazanacakları dönemde hayatları karışıyor...

Bunlar gibi bir sürü sıra dışı olayla karşılaşıyorlar. Tabii ki hepsi bir tesadüf de olabilir ama ben tesadüf olamayacak kadar çok hikâye dinledim bu konuda.

Hayat bize istediklerimizi değil, inandıklarımızı verir. Daha çok paraya sahip olmak isteyebilirsin, bolluk içinde yaşamak isteyebilirsin, hayatını bereketlendirmek isteyebilirsin ama bilinçaltındaki kalıplaşmış inançlar tam tersini söylüyor olabilir. Bu yüzden bir kez daha tekrar ediyorum, hayat bize istediklerimizi değil, inandıklarımızı verir.

Peki, hayallerimizi yaşamamızı engelleyen bilinçaltı kalıplarımızın kaynağı ne? Nereden edindik bu olumsuz kayıtları?

Bilinçaltı kalıpları çoğunlukla çocukluk deneyimlerinden, toplumsal inançlardan ve dini inançların yanlış yorumlanmasından kaynaklanır. Özellikle dinsel inançların yanlış yorumlanması ülkemizde çok yaygın. Toplumun büyük kısmı Müslümanlığı fakirlikle, zenginliği dindışılıkla, üçkâğıtçılıkla ve hırsızlıkla bağdaştırıyor. Bu yanlış düşüncenin temelinde, eksik ve kulaktan dolma yanlış aktarımlar var. Bu yüzden çoğu insan bilinçaltında parayı sevemez. Parayı sevenlere kötü gözle bakar, onların hırsız ya da ahlaksız olduğuna inanır. Paranın insanı yoldan çıkaracağını düşünür.

Kuran'a ve Hazreti Muhammed'in yaşamına bakıldığında, İslam'ın kesinlikle böyle bir bakış açısı olmadığı görülebilir. Birçok peygambere büyük servet ve mülk verildiği ayetlerde de yer alır. Bunların içinde Hazreti Süleyman'ın büyük zenginliği ve ihtişamı asırlardır dillere destan olmuştur. Allah'ın birçok ayette övgüyle bahsettiği ve örnek gösterdiği Hazreti Süleyman, Allah'ın kendisine verdiği büyük mülke sahip olmadan önce şöyle dua etmişti:

"Rabbim, beni bağışla ve hiç kimseye nasip olmayan bir mülkü bana armağan et. Şüphesiz sen, karşılıksız armağan edensin." (Sad Suresi, 35)

Eğer zengin olmayı dilemek kötü bir şey olsaydı, Allah'ın birçok ayetiyle övdüğü bir peygamber bunun için dua etmezdi.

Dünyayı gözlemlediğimizde yaratıcının her şeyi bolluk içinde yarattığını görebiliriz. Örneğin yediğin domatesin içi bile çekirdek dolu. Yediğin bir domates dahi sana onlarca domatesi geri verebilir. Bir zeytin çekirdeği, bin zeytin verir. Bir karpuzun içindeki çekirdeklerden koca bir karpuz tarlası ekebilirsin.

Gördüğün gibi her şey bolluk içinde var.

Bu yüzden, bilinçaltındaki olumsuz kodları değiştirmek, bolluğu, zenginliği ve bereketi olumlu şekilde yeniden kodlamak gerekir. Evren bolluk içindeyse, biz de bolluk içinde yaşamalıyız.

Zenginlik konusunda, dini açıdan ne kadar yanlış inanç kalıplarına sahip olduğumuzdan bahsettik. Şimdi de toplumsal inanç kalıplarına bakalım.

Yeşilçam filmlerinde zenginler genelde hep kötülerdi. Zenginler çalar, yetim hakkı yer, rüşvet verir, duygusal değerleri bile parayla satın alabilirdi. Zenginliğin kötü bir güç olduğu filmlerle de defalarca empoze edildi. Küçüklüğümüzden beri beynimiz negatif inançlarla doldu. Zenginlerin cimri olduğuna inandırıldık. Oysaki zengin olup cimri olmayan çok insan var.

Gördüğün gibi yaşamımıza akması gereken bolluğu kesmek için toplum bilmeden elinden geleni yapmış. Adeta fakirlik hipnozuyla zihinlerimiz kuşatılmış. Ne var ki bu bir bahane değil. Bize akıl ve özgür irade de verilmiş. Bugünden itibaren bollukla ilgili olumsuz kayıtlarını değiştirip, yerine bolluk, bereket ve refah zihniyetini yerleştireceğiz.

Bugüne kadar toplumdaki algı, bizi paradan soğutmuş, nefret ettirmiş. Şimdi parayı sevmeyi ve onu hayatımıza kabul etmeyi seçmenin zamanı... Onu sevelim ki, bilinçaltımız da kabul etsin.

Hepimiz sevdiklerimizle beraber olmak isteriz. Bilinçaltımız da aynı refleksi gösterir ve sevdikleriyle beraber olmak ister, sevdiklerini kendine çeker.

Tabii ki konu sadece para değil. Bu kural hayatta sevdiğin her şey için geçerli...

3. Koşulsuz İnanmak

1950'li yıllarda İskoçya'da bir limana yük gemisi yanaşır. Demir attığı limanda yükünü boşalttıktan sonra, gemide görevli personelden biri unutulan yük kalıp kalmadığına bakmak için soğuk hava deposuna girer. Arkadaşının içeride olduğunu fark etmeyen başka bir görevli, kapıyı dışarıdan kilitler.

Soğuk hava deposunda mahsur kalan personel, avazı çıktığı kadar bağırır, var gücüyle çelik duvarları yumruklar ama kimseye sesini duyuramaz. Kapıyı çakısıyla açmaya çalışır ama olmaz. Gemi hareket eder ve adam unutulur.

Soğuk hava deposunda mahsur kalan adam, açlıktan ölmeyecek kadar yiyecek bulur ama dondurucu soğuğa fazla dayanamayacağını anlar. Kapıyı açamadığı çakısıyla, çelik duvarlara kendisini bekleyen ölüm sürecini yazmaya, daha doğrusu kazımaya başlar. Günbegün, soğuğun vücudunu nasıl uyuşturduğunu, ellerinin ve ayaklarının nasıl da hissizleşmeye başladığını, yaşadığı acıyı yazar.

Üç gün sonra soğuk hava kapısı açılır. Zavallı adamın cesedi çıkar ortaya. Ölmeden evvel duvarlara kazıdığı acılı sonunu okur herkes. Hayretler içinde kalırlar. Çünkü soğuk hava deposunun sıcaklığı 19 derecedir. Yükler alındıktan sonra soğutma sistemi kapatılmıştır. Zavallı adam aslında donarak ölmemiş, donduğunu sandığı için ölmüştür. Bir insan donacağına kendini inandırdığı için, ideal sıcaklıkta bile soğuktan ölebilmeyi başarmıştır. Bu hüzünlü hikâye aynı zamanda bize insan zihninin neler yapabileceğini gösterir.

Henry Beecher tarafından 1955 yılında yayımlanan "Kuvvetli Plasebo" adlı makalede yer alan çalışmanın sonuçlarına göre tedavi süreçlerinin ortalama %35,2'si plasebo etkisine dayanıyor. Yani kişi %35 iyileşeceğine inandığı için iyileşiyor. Tabii bunun tam tersi de geçerli, düşünceleriyle kendini hasta da edebiliyor.

Bir doktor arkadaşım inancın gücüyle ilgili çok etkileyici bir hikâye anlatmıştı. Cerrahpaşa Hastanesi'nde yoğun bakım uzmanı olarak çalışırken, ağlamaklı bir hasta görüyor. Hastaya nesi olduğunu soruyor. Hasta test sonuçlarını gösteriyor doktor arkadaşıma. Bulgulara göre iyileşmesi mümkün olmayan tümörleri var... Ne yazık ki 6 aylık ömür biçilmiş. Sonrası daha ilginç... Doktor arkadaşım aynı hastayı 1 yıl sonra yine aynı hastanede görüyor ama bu kez çok sağlıklı...

"Nasıl iyileştin?" diye soruyor arkadaşım. Adam da anlatıyor. Sağlığından ümit kesildiği için şehirdeki yaşantısını bırakıp köyüne dönmüş. Köyde, ona bir hocaya gitmesini söylemişler. Hoca da adama "Tıpkı senin gibi bir hasta vardı, dediğimi yaptı, 3 ayda iyileşti" demiş. Isırgan otuyla balı karıştırıp sabah akşam yemesini istemiş. Adam birkaç ay sonra tamamen iyileşmiş.

Doktor arkadaşım, tıbben ısırgan otuyla balın kanseri ya da tümörü iyileştirebilecek kanıtlanmış bir etkisinin olmadığını ve bu iyileşmenin tamamen hastanın inancıyla ilgili olduğunu söyledi. Hocanın sözlü plasebo etkisi sayesinde, biri iyileştiyse diğeri de iyileşir inancını aşılamasıyla, olumlu bir sonuç elde edilebilmişti.

Adam, ısırgan otuyla balın hastalığını iyileştirebileceğine koşulsuzca inandığı için, iyileşme mekanizmasını harekete geçirebilmişti.

Peki inançlarımız nasıl oluşur?

Tabii ki okuduklarımızla, duyduklarımızla ve en çok da çevremizle... O yüzden her zaman destekleyici bir çevreye ihtiyaç vardır.

"Ruhsal bir hayal gücü vardır.
Bu güç, hastalıkları oluşturabileceği gibi, var olan rahatsızlıkları da ortadan kaldırabilir. Beden, ruhsal hayal gücünün emirlerine itaat etmek zorundadır."

– İbni Sina

Destekleyici çevre

Sana köstek olmak yerine destek olmayı seçen arkadaşların, dostların ve ailen olmalı...

Zorlukları aşmış olabilirsin, sorunlarının üstesinden gelmiş olabilirsin ama seni aşağı çeken insanlar varsa etrafında, bırak ilerlemeyi, bunca zorluğu atlatarak geldiğin yerde kalman bile zorlaşacaktır. Çünkü etrafındakiler, enerjini alırlar. Motivasyonunu düşürürler. Yanlış inançlar edinmene yol açarlar.

Her zaman söylediğim bir söz var. En sık görüştüğün 6 insan hayatını şekillendiriyor, kaderini etkiliyor. Danışanlarıma bununla ilgili bir test de yaptırırım. Sen de mutlaka bu testi yapmalısın:

En sık görüştüğün 6 insanın ismini alt alta yaz.

Hepsinin hayat enerjilerine 1 ila 10 arası puan ver.

Puanları topla ve çıkan sonucu 6'ya böl.

Elde ettiğin sonuç, senin hayat enerjindir.

Bu testi binlerce kişiye yaptırdım ve sonuç her zaman büyük oranda doğru çıktı. Etrafındaki insanların enerjisi senin enerjindir.

Kültürümüzde bir söz vardır: "Bana arkadaşını söyle sana kim olduğunu söyleyeyim."

Aslında senin de kim olduğun, etrafındakilerle ilgilidir.

Çevreyi kısa vadede değiştirmek mümkün değilse ne yapmak gerekir?

Tabii ki olumsuz seslere kulakları tıkamak gerekir.

Çok sevdiğim bir hikâye vardır. Sağır kurbağa hikâyesi...

Kurbağalar bir gün yarışma düzenlemiş. Hedef, yüksek bir kulenin tepesine çıkmakmış. Bir sürü kurbağa arkadaşlarını seyretmek için toplanmış ve yarış başlamış. Seyirciler arasında hiçbiri yarışmacıların kulenin tepesine çıkabileceğine inanmıyormuş. Sadece şu sesler duyulabiliyormuş: "Zavallılar! Hiç bir zaman başaramayacaklar!"

Yarışmaya başlayan kurbağalar kulenin tepesine ulaşamayınca teker teker yarışı bırakmaya başlamışlar. İçlerinden biri yılmadan kuleye tırmanmaya çalışıyormuş. Seyirciler bağırmaya devam etmişler. "Zavallılar! Hiçbir zaman başaramayacaklar!"

Sonunda biri hariç, hepsinin ümitleri kırılmış ve bırakmışlar. Ama kalan son kurbağa büyük bir gayretle mücadele ederek kulenin tepesine çıkmayı başarmış. Diğerleri hayret içerisinde bu işi nasıl başardığını öğrenmek istemişler. Bir kurbağa ona yaklaşmış ve sormuş "Bu işi nasıl başardın?" diye. O da işaret diliyle "Seni duymuyorum, ben sağırım" demiş.

Sen de hayallerini gerçekleştiremeyeceğini söyleyenlere karşı sağır kal. Olumsuz düşünen insanları duyma.

Sana enerji veren insanları internetten izleyebilir, kitaplarını okuyabilirsin. Zaten çevreni değiştirmeye karar verdiysen, kararına sadık kaldığın sürece Yaradan sana yardım edecektir.

Bu konuyu Mevlana'nın bir sözüyle bitirmek isterim:

"Kiminle gezdiğinize, kiminle arkadaşlık ettiğinize dikkat edin. Çünkü bülbül güle, karga çöplüğe götürür."

4. Affetmek

Affetmediğimiz her insanın olumsuz enerjisini kendi içimizde taşırız. Affettiğimizde o enerjiden özgürleşiriz. Affetmek onun davranışının haklı olduğunu kabul etmek değildir. Affetmek kendi içindeki olumsuz duygunun çıkmasına izin vermektir.

Sadece kendimizi değil, herkesi affetmeliyiz.

Affetme konusunu ve affetmekle ilgili nasıl bir çalışma yapılabileceğini ilerleyen sayfalarda anlatacağım ama öncesinde affetmeyip yükü içeride taşıdığımızda işleri nasıl da zorlaştırdığımızı anlatan bir hikâye paylaşmak isterim.

Bardağın ağırlığı

Bir gün bir felsefe profesörü sınıfa geçmişten getirilen duygusal ve zihinsel yüklerin bize ne kadar zarar verdiğini anlatmak için ilginç bir örnek verdi. Eline su dolu bir litrelik şişe aldı ve şişeyi birine uzatır gibi kolunu ileri doğru kaldırdı.

"Bakın çocuklar..." dedi. "Şişeyi bu şekilde rahatlıkla tutabiliyorum ama kolumdaki baskı giderek artıyor. Bu baskıya elimden geldiğince dayanmaya çalışıyorum."

Birkaç dakika sonra profesörün kolu şişeyi dakikalarca havada tutmaktan öylesine ağrımaya başlamıştı ki dayanamayarak şişeyi aşağı indirdi.

"İşte acı ve ıstırap budur" dedi. "*Yaşadığımız olumsuz olayları zihnimizde öylesine büyütürüz ki acının şiddeti birse, etkisini bin yaparız. Önemli olan onu fark etmek, içindeki dersi almak ve onu ıstıraba dönüştürmeden yola devam edebilmektir.*"

Sen de eline su dolu bir şişe al ve on dakika boyunca havada tutmaya çalış. İşte o zaman ne anlatmak istediğimi daha iyi anlayacaksın.

Bir olan acını içinde daha fazla taşıyarak bin etme!

5. İnsanlara Yardım Etmek

Bugüne kadar hemen hemen hepimiz en az bir ya da birkaç defa da olsa birine yardım etmişizdir.

Birine yardım ettikten sonraki hislerini gözlemledin mi hiç? Eğer yapmadıysan mutlaka dene... Birine yardım et ve oluşan hislerine odaklan.

Dünyanın en güzel duygularından biridir, emin ol.

Yardım ettiğinde otomatik olarak bolluk frekansına geçersin. Eğer yardımı zorla yapmıyorsan, bilinçaltın "Bende yeterince var ve olanı paylaşıyorum" şeklinde algılar hareketini. Bilinçaltı düzenli tekrarları alışkanlık haline getirdiği için küçük yardımları sık sık yaptığımızda frekansımız kendiliğinden "Bende var" algısına dönüşür.

Bu yüzden vermek, almaya eşittir. Yaradan'ın alma-verme dengesini çalıştır.

6. Şükretmek

Şükrettikçe şükredeceğin şeyler çoğalır. Şükretmek bolluk ve varlık enerjisini artırır. Şükretmeyi bir alışkanlık haline getirmek gerekir.

Şükrü alışkanlık haline getirmek için kullandığım bir egzersiz var. Üç adımdan oluşuyor.

a. Hayatımızda var olanlara şükretmek

Enerjimiz bazen çok düşük olur. Böyle zamanlarda mutlaka hayatında var olan güzelliklere şükretmelisin. Bunlar çok büyük şeyler olmak zorunda değil. Çok basit ve küçük şeyler bile olabilir. Eğer "Hayatımda şükredecek hiçbir şey yok" diyorsan, yanılıyorsun. Her zaman şükredecek şeyler vardır. Çoğu zaman elimizdekinin değerini kaybettikten sonra anlarız. Önemli olan elimizdeyken de değer verebilmek. Her gün yeni bir şükür listesi oluştur, dilersen yaz ve kendi kendine tekrar et:

"Sağlığım yerinde olduğu için şükürler olsun."
"Sevdiğim insanlar hayatımda olduğu için şükürler olsun."
"Bir evim olduğu için şükürler olsun."
"Çalışacak bir işim olduğu işin şükrediyorum."
"Bir miktar da olsa para kazanabildiğim için teşekkürler."

Örnekleri istediğin kadar çoğaltabilirsin. Önemli olan o an enerjinin yükselmesi ve kendini daha iyi hissetmen.

b. Hayatımızda olmasını istediklerimize şükretmek

Birinci adımı yeterince uyguladıktan sonra ikinci adımda nasıl bir hayat istiyorsak, halihazırda varmış gibi şükrediyoruz. Bilinçaltımızın bir özelliği de hayalle gerçek arasındaki farkı algılayamamasıdır. Burada en önemli konu, kurduğun hayale inanmaktır. Aşağıdaki örnekleri okuduğunda ne demek istediğimi daha iyi anlayacaksın.

"Yolunda giden bir ilişkim olduğu için şükürler olsun." (İlişkin yoksa bile varmış gibi şükret.)
"Maddi durumum iyi olduğu için şükürler olsun."
"Terfi aldığım için şükürler olsun."
"Arkadaşlarım bana zaman zaman hediyeler aldığı için şükürler olsun."
"İdeal kilomda olduğum için şükürler olsun."

Örnekleri dilediğin kadar çoğaltabilirsin. Doğru yolda olup olmadığını gösteren pusula, duyguların ve enerjindir.

Eğer şükürlerin iyi hissettirmiyorsa, muhtemelen ya senin için şimdilik ulaşılmaz olduğuna inandığın içindir ya da ilk adımı yeterince uygulamamışsındır.

c. Günümüzün nasıl geçmesini istiyorsak niyetimizi ona göre belirlemek

O gün ne hissetmek istiyorsak, neler olsun istiyorsak hepsi olmuş gibi şükrediyoruz, niyet ediyoruz. Hepsi olmak zorunda değil. Biz neye hazırsak onlar olur zaten. Bazen niyetlendiklerimizin hiçbiri olmayabilir. Böyle günlerde karamsarlığa kapılmamalıyız. Çünkü bu egzersizi yaparken bizim amacımız iyi hissetmek. Egzersiz bittikten sonra iyi hissetmeye başladıysak başarılı olduk demektir. Ondan sonra gelecek her şey ödüldür.

Örnek niyetler

"Güzel bir kahvaltıyla güne başlamaya niyet ediyorum."
"Güler yüzlü insanlarla vakit geçirmeye niyet ediyorum."
"İşlerimin yolunda gittiği bir gün geçirmeye niyet ediyorum."

Örnekleri olabildiğince az veriyorum. Sadece tekniğin mantığını anla ve kendi niyetlerini günlük olarak belirle. Egzersizleri istediğin saatte yapabilirsin, yeter ki düzenli ve hissederek uygula. Bununla birlikte egzersizlerin amacı yol boyunca işini kolaylaştırmak ve daha rahat ilerlemeni sağlamak.

7. Fiili Dua

> *"Kulum istesin, bana dua etsin.*
> *Ben de icabet edip, istediğini vereyim."*
> – Kuran-ı Kerim

Yürekten istemenin peşinden hareket gelir, emek gelir. Çünkü istemek kendi içinde emek barındırır ama pek çok insan bunu görmek istemez.

İstemek: İstem + Emek

Sen ancak bir şeyi gerçekten istediğinde harekete geçersin.

Örneğin iki kişiyi izliyorsun. Bu iki kişinin de amacı hattat olmak... Biri her gün hattat olmayı düşünüyor, hayal ediyor. Diğeri ise hattat olmayı düşünüyor, hayal ediyor ve her gün hattat olmak için harekete geçiyor. Hattatlık dersi alabileceği yerleri araştırıyor, çizimler yapıyor, mürekkepler deniyor.

Sence hangisi hattat olmayı çok istiyor?

Sence hangisi hak ediyor?

Çekim yasası ne diyor?

Kim en çok istiyorsa, istediğini hayatına çeker diyor.

Bu durumda sence hangisi daha istekli?...

Eski bilginlere göre çalışmak dua-ı fiiliyedir. Yani fiili, eylem halindeki duadır ve yine eskilere göre en makbul dua budur. İstemenin en güzel halidir.

Hayatının kontrolünü, düşüncelerinin kontrolünü eline al.

Şu dünya bir dağ gibidir, ona nasıl seslenirsen, o da sana aynı şekilde karşılık verir. Hayır çıkarsa hayır döner, güzellik çıkarsa güzellik döner.

Evrendeki her şey bir titreşimden ibaret... Sen, ben, her şey... Ne veriyorsak hayata bilerek ya da bilmeyerek, onu bize geri veriyor.

Dışarıda, çevremizde ne varsa bilinçaltı inançlarımızla şekillendiriyoruz. Bazen isteyerek bazen farkında bile olmadan yapıyoruz bunu.

O yüzden kendine sor.

"Benden hangi titreşimler yayılıyor evrene?"

"Bilerek ya da bilmeyerek ne veriyorum şu an hayata?"

Şems-i Tebrizi der ki: "Senin gönlün değişirse, dünya değişir."

Çekim Yasası ve Kalpten Duanın Özü

Bir ayna düşün. Aynaya bakıyorsun. Aynadaki görüntünün kendi yansıman olduğunu, aynanın içinde senden bir tane daha olmadığını bilirsin değil mi? Peki aynadaki yansımanın somurttuğunu görürsen, onu gülümsetmek için ne yaparsın? Aynanın içine girip gördüğün kişiyi güldürmeye mi çalışırsın? Hayır.

Aynadaki yansımanın gülümsediğini görmek için ne yapman gerektiğini biliyorsun.

Sen gülümsersen aynadaki yansıman da gülümser. Fakat sen somurtmaya devam ederken aynadaki yansımanın gülümsemesini beklersen, sonsuza kadar beklersin. Sen değişirsen çevren değişir. Biz değişirsek dünya değişir.

Bir gün bir baba oğlunu dağa yürüyüşe götürmüş. Çocuğun yürürken ayağı bir taşa takılmış ve "Ah!" diye bağırmış. Dağdan bir ses gelmiş: "Ah!" Çocuk sesi duyunca şaşırmış ve "Sen kimsin?" diye bağırmış. Dağdan cevap gelmiş: "Sen kimsin?" Çocuk sinirlenmiş, "Senden nefret ediyorum!" diye bağırmış dağa. Dağdan gelen cevap yine aynı: "Senden nefret ediyorum!" Çocuk korkuyla babasına bakmış, "Baba ne oluyor?" diye sormuş. Babası gülümseyerek, "Şimdi beni izle oğlum..." demiş ve dağa dönerek, "Seni seviyorum" diye bağırmış, aynı ses dağdan geri gelmiş. Sonra "Sen harikasın" diye bağırmış ve dağdan yine "Sen harikasın" karşılığı işitilmiş. Sonra baba çocuğuna dönerek, "Bak oğlum bunun adı yankıdır" demiş. "Ama biz buna hayat diyoruz. *Sen hayata ne söylersen, hayat da sana onu geri aksettirir. O yüzden ne söylersen söyle, hep güzel söyle.*"

Bir torba altın

Vakti zamanında genç bir adam Kâbe'de dönüp dolaşıp hep aynı duayı edermiş yüksek sesle:

"Ey doğruların yardımcısı Allahım, ey haksız kazançtan koruyan Allahım. Sana şükürler olsun."

Genç adamın sürekli aynı duayı ediyor olması duyanların dikkatini çekmiş. Sonunda dayanamayıp sormuşlar:

"Sen neden hep aynı duayı ediyorsun, başka dua bilmez misin?"

Bunun üzerine genç adam, başından geçenleri anlatmaya başlamış:

"Yedi sekiz sene önce Kâbe'deyken içi altın dolu bir torba buldum. Tam bin altın vardı içinde, saydım. Nefsim altınları harcayayım diye kışkırtıyordu beni. İşler kurarsın, zengin olursun, her istediğine kavuşursun diyordu ama ben hayır dedim kendi kendime... Bu benim malım değil, başkasının malı... Altınları alıp harcamam haksızlık olur.

Tam bu sırada yaşlıca bir adamın 'Torba bulan var mı?' diye yana döne bağırdığını işittim. Adamı çağırdım yanıma. 'Söyle bakayım...' dedim. 'Senin torba neye benzerdi, içinde ne vardı?'

Adam tarif etti, sonra da 'İçinde bin altın vardı' dedi.

'Al öyleyse' dedim. 'Bu torba senindir.'

Torbayı adama verdim. Çok sevindi. İçinden 30 altın çıkarıp uzattı bana. Çok büyük bir miktardı benim için. Alıp doğruca pazara gittim. Burada temiz yüzlü genç bir çocuğun esir olarak satıldığını gördüm. Çok övüyorlardı genci. İyi hali, temiz bakışları dikkatimi çekmişti.

Yanlarına gittim hemen. 'Bu esir için ne istiyorsunuz?' diye sordum. '30 altın' dediler.

Hiç pazarlık etmedim. Altınları adamlara verdim, esiri satın aldım. Sonra aradan bir iki yıl geçti. Genç çok çalışkan ve çok edepliydi. Onu aldığıma çok memnundum.

Bir gün yolda giderken karşıdan iki üç adamın bize doğru yaklaştıklarını fark ettik.

Genç kulağıma eğilip 'Efendim!' dedi. 'Şimdiye kadar size hiç söylemedim fakat ben Fas emirinin oğluyum. Bu gelenler de babamın adamları... Beni buldular. Şimdi senden beni satın almak isteyecekler. Sen çok iyi bir insansın. Ben de babama, aileme, memleketime kavuşmak isterim. Ama sakın 30 bin altından aşağıya satma beni.'

Adamlar yanıma gelip 'Bu esiri bize satar mısın?' diye sordular. 'Satarım' dedim. 60 altın verdiler 'Olmaz' dedim.

'İyi ama sen onu pazardan 30 altına aldın, biz seni gördük. Şimdi de iki katını veriyoruz.'

'Gidin pazardan alın o halde' dedim. 'Ben satmıyorum.'

Adamlar altınları artıra artıra 20 bin altına kadar çıktılar.

Ben '30 bin altından aşağısı olmaz' deyince çaresiz kabul ettiler. Altınları verip genci aldılar. Gençle sarılıp helalleştik, vedalaştık.

Aldığım o 30 bin altınla işyerleri açtım sonra. Daha da zengin oldum. Sonra bir gün arkadaşlarım bana çok zengin bir ailenin kızından söz ettiler. Babası yeni vefat etmiş. 'Onunla seni evlendirelim' dediler, ben de 'Olur' dedim. Kızla tanıştık, onu çok beğendim ve hemen evlendik.

Deve yükleriyle getirdiler çeyizini. Ama eşyalarının arasında bir torba dikkatimi çekti. Kıza 'Bu nedir?' diye sordum. 'İçinde 970 altın var' dedi. 'Babam bu torbayı Kâbe'de kaybetmiş, bulan gence de 30 altın vermiş. Kalanını da bana verdi, çeyizime koymam için.'

Demek ki bulduğum o altınlar aslında benim kısmetimmiş diye düşündüm. Torbayı sahibine vermeseydim haram yoldan gelecekti, oysa şimdi helal yoldan yine bana geldi."

Genç adamın hikâyesi buymuş işte. Yanındakilere dönüp "Evet..." demiş. "İşte bu yüzden ben hep aynı duayı ederim. Ey doğruları koruyan Allahım, ey haksız kazançtan koruyan Allahım, sana şükürler olsun. Onun adaleti ve rahmeti bütün kâinatı sarmışken hiç dert etmeye, korkmaya, endişelenmeye gerek var mı?"

İkinci Nefis Mertebesi

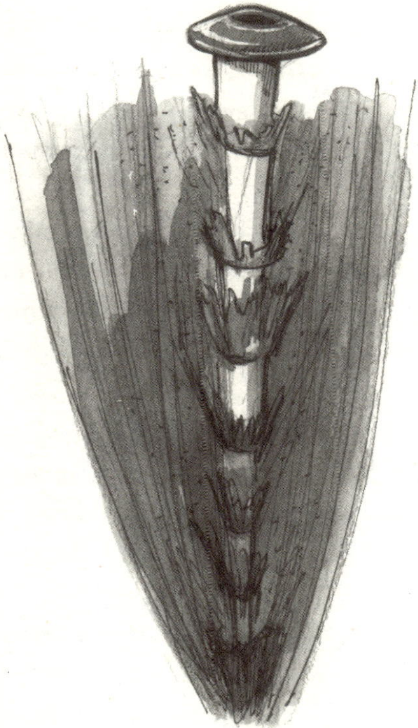

Kabuklardan Kurtulma

İkinci mertebe ney'in kabuklarından kurtulması, kişinin de egosundan, benliğinden sıyrılmasını sembolize eder. Kişi "Başkaları ne der, el âlem ne der?" korkusu yaşadıkça, içindeki özü açığa çıkaramaz.

Nazar, başkalarının sözlerinden etkilenme ve negatif enerjilerden etkilenme de bu konuya verilebilecek güzel örneklerdir.

Kabuklarından kurtul

Yıllardır ney üflüyorum. Neyzenler belli bir süre sonra kendi neylerini kendileri yaparlar. Onları gidip kamışlıklar içinden bulur, tüm aşamalarında bizzat bulunur ve kemale erdirdikleri neyleri üflerler.

Tabii ki ney yapım işi neyzenliğe benzemez, o da ayrı bir sanattır, ayrı bir ustalıktır. Bu konuya hayatını vermiş bir üstattan icazet almak gerekir. Bana da son Mevlevi neyzenbaşı Emin Dede'nin ekolünden icazet almak nasip oldu ve bu sanatı öğrendim.

Bir gün ney kamışı toplamaya gittiğimizde, neyin kabuklarını soyarken, kitabın başında anlattığım hikâyeden bahsediyordum. Neyin kabuklarından sıyrılması kişinin egosundan sıyrılmasıdır. Peki tasavvuf erbapları egodan sıyrılmayı öğrencilerine nasıl öğretiyorlardı?

Küçük bir çocukken Aziz Mahmud Hüdayi'nin hayatını anlatan bir radyo kaseti dinlemiştim. Benim tasavvuf aşkımın kıvılcımlanmasına sebep olan bir kasetti bu.

Radyo tiyatrosunda, Aziz Mahmud Hüdayi'nin Bursa kadısı olduğu anlatılıyordu. Kadılığın nasıl bir makam olduğunu örneklemek gerekirse, zamanın kadısı günümüzün belediye başkanı, valisi gibi...

Mahmud Hüdayi de kudretli, güçlü ve yetenekli biriymiş. Bursa halkı tarafından saygı gören ancak bir o kadar da kendisinden korkulan bir zat... Ayrıca o dönemde kadılar hâkimler gibi davalara da bakıyorlar.

Dinlediğim hikâyeye göre bir gün çatık kaşlı, tok ve gür sesli, heybetli kadıya önemli bir dava gelir. Davacı kadın eşinden boşanmak ister çünkü kocasının delirdiğini düşünür. Kadı

Mahmud da kadına bakıp "Neden kocanın delirdiğini düşünüyorsun hanım?" diye sorar. Kadın da kaygılı ve çaresiz bir tavırla anlatmaya başlar: "Sormayın efendim. Bizim bey iyice delirdi. Yıllardır hacca gitmek ister ama bir türlü parasını denkleştiremez. Sonunda bu istek onu çileden çıkardı. Artık yalan söylemeye başladı. Geçen hafta üç gün boyunca ortadan kayboldu. Döndüğünde de 'Hacca gittim, hac vazifemi yerine getirdim' dedi. Buradan Mekke'ye gitmesi en erken altı ay sürer. Nasıl olur da üç günde gidip döndüğünü söyler?"

Kadını dikkatle dinleyen Kadı Mahmud da duyduklarına şaşırır elbette. Bunun üzerine hemen kadının kocasını çağırtır ve hikâyeyi bir kez de onun ağzından dinlemeye başlar. Adam gayet aklı başında görünür Kadı Mahmud'un gözüne. Üstelik tam da karısının anlattığı gibi hacca gittiğinden bahseder. Hatta orada Bursalı hacılarla karşılaştığından, her birinin ona şahitlik edebileceğinden söz eder. Kadı Mahmud da epey okumuş, ilim meclislerinde bulunmuş bir insandır ama bu kadarına o bile inanamaz. Davayı Bursalı hacıların şahitlik etmek üzere mahkemeye geleceği zamana erteler.

Bir zaman sonra hac vazifelerini tamamlayan hacılar birer birer Bursa'ya evlerine dönerler. Kadı Mahmud, hacıları huzuruna çağırıp "Bu adamı gerçekten hacda gördünüz mü?" diye sorar. Hacıların hepsi bir ağızdan "Evet. Kendisini gördük. Şahitlik ederiz" diye cevap verirler. Kadı Mahmud artık şaşkınlığını gizleyemez hale gelir ve hafiften kekeleyerek, "Peki öyleyse... Ben de davayı sonlandırıyorum" der.

Yine de davadan sonraki günler boyunca bu olay kadı efendinin aklından çıkmaz.

Kadı gece gündüz yatıp kalkar fakat altı aylık onca yolu üç gün içinde kat edip geri döndüğünü iddia eden o adamın nasıl da haklı çıkabildiğine bir anlam veremez.

Düşünüp durur ama bu olayın hiçbir açıklamasını bulamaz. En sonunda dayanamayıp işin aslını öğrenmek için, adamı tekrar yanına çağırır ve kendisinden bu işin nasıl olduğunu bütün ayrıntılarıyla anlatmasını ister. Adam da hiç tereddütsüz söyleneni yapar ve başlar anlatmaya.

Yıllarca hacca gitmek istediğini ama bir türlü maddi durumunu denkleştiremediğini, bunun için de her gün dua ettiğini söyler. "Bir gece rüyamda Eskici Mehmet Dede'yi gördüm. Ertesi gün soluklanmadan onun yanına gidip durumu anlattım. Eskici Mehmet Dede benimle bir müddet konuştuktan sonra gözlerimi kapamamı istedi ve elimden tuttu. Gözümü açtığımda kendimi Mekke'de buldum. Aynı şekilde Eskici Mehmet Dede'yle birlikte geri döndüm" der.

Bu açıklamayı adama defalarca yaptıran kadı, soluklanmadan Eskici Mehmet Dede'yi bulmak için yola koyulur. Adamlarıyla birlikte Eskici Mehmet Dede'nin dükkânına gidip bahsedilen şu üç günlük hac olayının gerçekliğini sorar. Kadının ciddiyetinin farkında olan Eskici Mehmet Dede, olayı doğrular ve kadıya şöyle der: "Bunda şaşılacak ne var ki? Şeytan bir anda dünyanın bir ucundan bir ucuna gidebilirken, kalbini sadece Allah'a adamış bir kul neden bir anda Mekke'ye gidemesin?"

Duydukları Kadı Mahmud'un manevi duygularını sızlatınca, kendisi de bu ilmi öğrenmek ister fakat Eskici Mehmet Dede, "Zamanın büyüğü Üftade Hazretleri'dir, ona gidin, ancak o size yardımcı olur" der.

Kadı Mahmud durur mu hiç? Ayağının tozuyla hemen Üftade Hazretleri'nin yerini öğrenip adamlarına tek başına yola düşeceğini, kendisini yalnız bırakmalarını emreder ve atına atladığı gibi o kadifeli, işlemeli, görkemli elbisesinin içinde dörtnala uçup gider. Ne var ki yollar tekin değil. Atın ayağı kayalardan birine takılınca kadı efendi yola yürüyerek devam etmek zorunda kalır. Yolundan caymadan azimle yürümesini sürdürür. Nihayet Uludağ'ın eteklerinde konaklayan Üftade Hazretleri'nin evini bulur. Bahçede iki büklüm bir ihtiyarı çapa yaparken görüp "Hu ihtiyar! Üftade Hazretleri burada mı?"diye sorar. İhtiyar adam da yavaşça arkasını dönüp Kadı Mahmud'u baştan aşağı şöyle bir süzdükten sonra, "Üftade benim evladım, buyur?" der.

Kadı Mahmud yine şaşkın... Böyle bir zatın çapa gibi basit işlerle uğraşmayacağını düşünür. Bu işte bir yanlışlık olmalıdır.

"Benimle dalga geçme ihtiyar, soruma cevap ver. Üftade Hazretleri burada mı?"

"Ah evladım. Baksana atın bile seni buraya getirmek istemedi. Çünkü burası gösterişin, şaşaanın, makamın yeri değildir. *Burası gönül dergâhıdır, burada herkes eşittir. Çapa da yapar, odun da taşır*" diye karşılık verir Üftade Hazretleri.

Kadı Mahmud bunun üzerine birden irkiliverir. Atın kayalara takıldığını bu adam nasıl bilir? Mümkün değil... O vakit kadı efendi karşısındaki adamın Üftade Hazretleri olduğundan emin olur, ayağına kapanır. "Beni talebeniz olarak kabul etmenizi istiyorum" der.

Üftade Hazretleri "Bak kadı efendi, burası size göre bir yer değildir. Burada öğrenci olmak isteyen kişi ilkönce benliğini, nefsini, egosunu temizler ve bu da çok zor bir iştir" diyerek durumun güçlüğünü izah etmeye çalışsa da Kadı Mahmud ısrarla her şeyi yapmaya hazır olduğunu söyleyip durur.

"O halde evladım, ilk işin kadılığı bırakmak olacak. Daha sonra bu şaşaalı kaftanınla Bursa sokaklarında her gün ciğer satacaksın. İnsanlar seninle dalga geçecek, alay edecek, deli diyecekler. Bunu kaldırabilir misin?" diye sorar Üftade Hazretleri...

Kadı Mahmud'u bir düşünce alır. Bir süre sessiz kalır. Herkesin saygı duyduğu, korktuğu, önünde el pençe divan durduğu azametli Kadı Mahmud, kaftanı üzerinde Bursa sokaklarında ciğer mi satacak?

Bu olamaz. İnsanlar ne düşünür, ne der?... Bir zaman kendisinden hizmet ve adalet dileyen Bursa halkı karşısında itibarını yitirmeyi nasıl göze alır? Bir daha kim ona saygı duyar, kim çekinir, kim itibar eder?... Gücünü ve makamını yitirmiş bir kadıya acıyarak ve küçümseyerek bakmazlar mı?

Yine de Üftade Hazretleri'nin derin bakışlarına kaldırır gözlerini ve "Allah dostu olma yolunda her şeyi yapmaya razıyım" der.

Ertesi gün kaftanıyla Bursa pazarına gidip "Ciğerci, ciğerci" diye bağırmaya başlar. Önceleri çok utanır ve tanınmamak için başını öne eğer ama kıyafeti herkesin dikkatini hemen çekiverir. Kendini gizlemesi mümkün değildir. Halk onu çok geçmeden tanımaya başlar. Derken ahali kadı hakkında konuşur.

"Bu bizim Kadı Mahmud değil mi?"

"Evet! Ta kendisi. Neler olmuş bu adama böyle? Vah vah vah. Koskoca kadı ne hale gelmiş. Belli ki delirmiş bu adam. Kadılık makamını kaldıramadı demek ki?"

Ağzı olan konuşmaktadır ve artık kadılık görevini terk eden Mahmud Hüdayi de bütün bu söylenenleri duymaktadır.

Halkın dediklerine katlanmak çok zor olsa da, Mahmud Hüdayi yola çıkmıştır bir kere. Nefsini, egosunu, benliğini terbiye edecektir. Kararlıdır...

Aradan aylar geçer... Derken artık Kadı Mahmud efsanesi tamamen bitmiş, yerine Mahmud Hüdayi gelmiştir. Aylarca yıllarca yaptığı zorlu çalışmalar meyvesini vermiş, istediğine ulaşmış, benliğini, egosunu ve nefsini terbiye etmiş, Üftade Hazretleri'nin en sevdiği talebesi olmuştur.

Başkaları ne der?

"Başkaları ne der?" "El âlem ne der?" kaygısıyla kendinden başka etrafındaki herkesi düşünüyorsun ama emin ol, o başkaları seni bu kadar düşünmüyorlar... Bu kaygı senin vesvesenden başka bir şey değil...

İnsanların o kadar da umurunda değilsin, muhtemelen bir saat sonra seni hatırlamıyor olacaklar.

Madem el âlem seni bu kadar düşünmüyor, o halde onların senin hakkındaki düşüncelerinden neden bu kadar etkileniyorsun? Neden onların düşüncelerine, eleştirilerine, yargılarına göre biçim alıyorsun? *Neden içindeki seni dışındaki el âleme göre şekillendiriyorsun? Kendin ol!*

Başkalarının gürültüsünü değil,
kalbinin fısıltısını dinle...

Hakan Mengüç

Kırık bir çiçek

Yıllar sonra bir gün Üftade Hazretleri öğrencileriyle birlikte Uludağ'ın yemyeşil kırlarında dolaşmaya çıkar. Öğrencilerinden kendisine çiçek toplamalarını ister. Az vakit sonra herkes elinde rengârenk çiçeklerle geri dönerken, Mahmud Hüdayi elinde sapı kırılmış, yaprakları dökülmüş bir çiçekle çıkagelir. Hocası da "Mahmud sen niye bu dalı kırılmış çiçekle geldin bana?" diye sorar. Mahcubiyetini gizleyemeyen Mahmud Hüdayi, "Efendim hangi çiçeğe elimi uzattımsa Allah Allah dediğini duydum. Sadece bu dalı kırılmış çiçekten ses almadım. Benim de ancak onu koparmaya vardı elim" der.

Üftade Hazretleri, bu cevap üzerine öğrencisinin artık ham halinden yanarak piştiğini anlar. İstanbul'a gitmesini ve öğrendiği bu ilmi insanlara anlatmasını ister. Fakat Mahmud'un gönlü hocasını terk edip gitmeye elvermez. Yine de onun buyruğuna karşı gelmek istemez ve söyleneni yaparak İstanbul'a gelir. Hocasından öğrendiği ilmi, irfanı ve maneviyatı İstanbul'da yaymaya devam eder.

Dinlediğim bu tiyatro kaseti çocukluğumun en kıymetlisiydi benim için. Aziz Mahmud Hüdayi'nin hikâyesini defalarca dinledim. Benim de ilk işim tıpkı Mahmud Hüdayi gibi Eskici Mehmet Dede'yi bulmak oldu. Ailemden habersiz sora sora düştüğüm yolların sonunda Bursa'da Tahtakale semtinde Eskici Mehmet Dede'nin kabrini buldum. *Uzun uzun dualar ettim. Susup sessizce oturdum.* Ardından Üftade Hazretleri'nin kabrine de gittim. Küçük beyaz bir yapının içinde yan yana sıralanmış yeşil sandukaların birinde devam ediyordu sonsuzluk uykusuna. Ellerimi açıp ruhuna dua ederken Aziz Mahmud Hüdayi'nin bütün hikâyesi geçiverdi gözümün önünden. Film izler gibi hayalimde gördüm her birinin yüzlerini tek tek...

O günden sonra içimde bir soru çınlamaya başladı:

"Benim Eskici Mehmet Dede, Üftade Hazretleri gibi öğretmenlerim, yol rehberlerim yok. Peki ben Allah'ın sevdiği kulu olabilme yolunda nasıl yürüyecektim? Henüz 12 yaşındayım ve bana kim nasıl yardım edecek?"

İşte o zamanki duam ilk tasavvuf hocamla tanışmamı sağlamıştı.

Kamışlıkların içinde ney kabuklarını soyarken anlattığım bu hikâye hepimizin derinliklerine kadar işlemişti. Ben bile defalarca anlatmama rağmen etkileniyordum.

Ulu Cami Gezileri

Ben özel gruplara tasavvufi geziler düzenliyorum ve sanırım en keyif aldığım çalışma da bu. Çünkü onlara tasavvufu ve yaşanan olayları yerinde anlatmak çok farklı... Örneğin Bursa gezisinde önce onlara Ulu Cami'nin hikâyelerini anlatıyorum. Daha sonra Ulu Cami'den çıkıp biraz önce hikâyesini anlattığım

Aziz Mahmud Hüdayi'nin hocası Üftade Hazretleri'nin kabrine gidiyoruz. Orada, tam o enerjinin içinde bu hikâyeyi anlatıyorum. Sonra onları vaktimiz bolsa Somuncu Baba'nın Bursa'daki evine, sonra şifacılığıyla ünlü Tezveren Hazretleri'nin kabrine götürüyorum. Grubun ilgi ve ihtiyaçlarına göre Bursa'daki farklı yerlere de gidiyoruz.

Aynı şekilde Konya gezisinde de Mevlana ve Şems'i anlatıyorum. Olayların bizzat yaşandığı sokaklarda, Mevlana-Şems karşılaşmasını orada anlatmak bir sınıf ortamında anlatmaktan çok daha tesirli... Sokaklarda gezerken Mevlana'nın ve Şems'in enerjisini hâlâ hissedebiliyorum.

Dünyanın en eski dini yapısı Şanlıurfa Göbeklitepe, 12 bin yıllık. Sınıfımı Göbeklitepe'ye de götürüyorum, hikâyesini anlatıyorum ve orada ney üfleyip bazı çalışmalar yaptırıyorum. Böylece hayatları boyunca unutamayacakları bir deneyim yaşıyorlar.

Velilerin, büyük insanların hikâyelerini okumak çok güzel ama bir de onları doğup büyüdükleri, ibadet ettikleri yerlerde görmek, hikâyelerini bilmek bambaşka bir deneyim. Örneğin Ulu Cami'nin içinde öyle hikâyeler var ki, Bursalıların bile neredeyse çoğu bilmiyor.

Biz, ruhsal deneyimler yaşayan insanlar değil;
insan deneyimi yaşayan ruhsal varlıklarız.

Vavların hikâyesi

Vav anne karnındaki cenin halimizi temsil eder. Aynı şekilde tasavvufta mütevazı olmayı da temsil eder. Bu yüzden denir ki: *"Elif gibi dik ol, vav gibi mütevazı."*

İnsan ne egoist olmalı ne de kendini değersizmiş gibi görmeli. Yeri geldiğinde elif gibi dik, yeri geldiğinde vav gibi mütevazı olmalı.

Aynı şekilde Ulu Cami'de 4 tane vavın iç içe geçmiş bir çizimi vardır.

Bu çizim Hazreti Muhammed'in vavlardan sakınınız sözüne istinaden yapılmış. Peki ne demek vavlardan sakınınız? V ile başlayan işlerden sakınınız demektir. Mesela bir yere vali olmak, veli olmak, bir işe vekil olmak ya da vallahi diyerek yeminde bulunmak. Tüm bunlar büyük sorumluluk gerektiren işler. Bir valinin veya vezirin bir yanlışının çok insanın canını yakabileceğini, o yüzden V ile başlayan işlerde dikkatli olunması gerektiğini, bu işlerde yeterlilik düzeyine gelmeden sorumluluk alınmaması gerektiğini anlatır.

Nitekim çizen o kadar güzel bir sır gizlemiş ki, aynı vavlara tersten baktığınızda bir şeytan resmi görüyorsunuz. Yani vav ile başlayan işleri doğru yapmak seni veli eder ama o sorumluluğu alıp yerine getirmemek seni şeytanın konumuna da düşürebilir.

Kendin olabilme egzersizi

Her insan aslında hayatında bir vav harfinin sorumluluğunu alıyor. Çocuklarının velisi, vasisi oluyor ya da ailesinin vârisi oluyor, bir işin vekili oluyor. Velhasıl hayatta mutlaka bir vazife alıyor.

İkinci nefis mertebesinde insanın kabuklarından sıyrılması, başkaları ne der kaygısından geçip kendi olmaya başlaması öyle birden olmuyor tabii ki. Bazı insanlar hızlı ilerlerken bazıları yavaş ilerleyebiliyor. İnsanın öncelikle kendi olabilmesi için hayır demeyi bilmesi ve kendini her durumda ifade edebilmesi gerekir.

Şimdi sana bir ifade egzersizi vereceğim. Bu yöntemi uygulamak hayır diyebilmek ve kendin olabilmek yolunda işine çok yarayacaktır. Aynı zamanda bu tekniği uyguladıkça duygularını artık bastırmadığını ve rahatça ifade edebildiğini göreceksin. Duygularını bastırmak, içinde biriktirmene ve bir gün mutlaka patlamasına yol açar ki, bu hem zihin sağlığın hem de beden sağlığın açısından olumsuz sonuçlar doğuracaktır.

İfade ve Dürüstlük Egzersizi

İfade ve dürüstlük egzersizinin amacı duyguları olduğu gibi ifade etmek, baskılamamaktır. Sosyal hayatında karşılaştığın, iletişim kurduğun herkese bu egzersizi uygulayabilirsin. Buna marketteki kasiyer de dahil, otopark görevlisi de, yol tarifi sorduğun kişi de...

Egzersizin nasıl yapılacağını anlatmadan evvel yeri gelmişken başıma gelen bir olayı anlatmak isterim. Bir gün markette alışverişimi yapıp kasaya gittim. Kasiyer, bu sırada telefonuyla ilgileniyor, mesaj yazıyordu. Bu yüzden beni bir süre bekletti. Acelem olduğu halde kasiyerin telefonunu bırakıp benimle ilgilenmesini beklemeye devam ettim.

Mesajlaşması sona erince, benimle ilgilenmeye başladı. Beklettiğinden dolayı rahatsız olmuş gibi de görünmüyordu. Marketten aldıklarımı poşete doldurup tam çıkıyordum ki kasiyere karşı kendimi ifade edemediğimi fark ettim. Anlatacağım egzersizi yeni yeni uygulamaya başladığım bir dönemdi.

Geri dönüp kasiyere baktım ve sükûnetimi bozmadan "Biraz önce acele bir işim olmasına rağmen sizi bekledim. Beklemek bende gerginlik yarattı. Belki çok önemli bir konuyla ilgili yazışmak zorundaydınız bilemem. Lakin ben sadece ne hissettiğimi söylemek istedim" dedim.

Kasiyer bana şaşkınlıkla bakıyordu. Sonra karşılıklı gülüştük. "Kusura bakmayın" dedi. "Dalmışım, bugün yemek molası için bile iznimiz yok, her işimi kasanın başında halletmek zorunda kalıyorum."

Kendimi ifade ettiğim için rahatlamıştım. Gün boyu kıza karşı *kızgınlık duyup aklımın içinde onunla tartışıp durmak yerine meseleyi hemen o anda halledip yüklerimden kurtularak yoluma devam ettim.*

İfade bulmayan duygular biriktiğinde infilak etmeye mahkûmdur.

Ne kadar önemsiz gibi görünse de bu tepkimi üst üste birkaç kez içime atmış olsaydım, kendimi ifade etmek yerine biriktirmeyi seçseydim belki olmadık yerde olmadık birine patlayacak noktaya gelecektim.

Bu yüzden her duygunun ifade edilebilmesi çok değerli... Biriktirmenin ve olmadık yerde infilak etmenin bedeli hem daha ağır hem daha yıkıcı...

Şimdi sen de bu egzersizi uygulamaya başla. İçinde olumlu ya da olumsuz bir duygunun yükseldiğini hissettiğinde bunu sakince ifade et. "Teşekkür ederim, bugün çok güzel görünüyorsun, gülüşün çok sempatik..." gibi olumlu duygularını da kızgınlıklarını da biriktirmeden ortaya koy.

İfade etme becerinin gelişmesine fırsat ver. Böylece iletişim yeteneğin de gelişir.

"Her gittiğim yerde birilerini övmek zorunda mıyım?" diye düşünme. Herkesi değil, sende his uyandıranı izliyor olacaksın.

Duygularını dinle, onlar ifade bulmak için kendilerini sana hatırlatacaklar. Onları baskılayıp seslerini kısmaya devam ettikçe iletişim becerini köreltirsin.

Olumlu duygularını ifade etmekle bu egzersize başlayabilir, sonrasında olumsuz duygularını ifade etmeye geçebilirsin.

Olumsuz duyguların ifadesi

Olumsuz duyguların ifade edilmesiyle ilgili hassas bir denge söz konusu... Öfkeyle, kinle, yüksek sesle, haykırarak ya da bağırarak konuşmak bir "ifade" şekli değildir. Bağırıp çağırmak tek taraflı bir harekettir. Bu noktada iletişim yoktur. Bağırmak ifadesizliktir. Kendini ifade etmeyi beceremediğin için bağırırsın. Biriktirdiklerinin infilak etmesidir bu.

Ben sana ifade becerini geliştirmekten söz ediyorum. Olumsuz duygularını da tıpkı olumlu duyguların gibi sakince ifade edebilmelisin.

Duygularını ifade etmeye devam ettikçe zaman içinde olumsuz durumları bile öfke duymadan açıklayabiliyor olacaksın. Çünkü içinde öfke, kırgınlık ve kin biriktirmeyeceğin için herhangi bir yerde öfke patlaması yaşama riskin de azalacak.

Biriyle ilgili olumsuz duygularını ifade etmeden önce oluşan bu duygunun sebebini kendine sor. "Neden böyle hissediyorum?"

Örneğin baban sana "Zaten sen de başladığın hiçbir işi bitiremiyorsun" dedi.

Ne hissettin? Aşağılanmışlık mı?

Haksızlık mı?

Bu konuyu burada kapatıp hislerini içine atar, ifade etmez ve biriktirme yoluna gidersen bir süre sonra kumbara taşar ve olmadık bir yerde olmadık birine patlar.

Bütün mesele babanın sana ettiği bu sözdür aslında. Ama sen trafikte yol vermeyen şoföre patlarsın.

Bunu yaşamak yerine hislerinin peşinden git ve "Baba söylediğin bu söz bana kendimi kötü hissettirdi. Haksızlığa uğramış hissettim. Aşağılandığımı düşündüm" de.

İşte bu enerji açısından dengeli, iletişim açısından da büyük ve değerli bir adımdır.

Olumsuz Duyguları İfade Ederken Ben Dilini Kullan

Duygularını ifade ederken başkasını suçlayarak konuşmamak çok önemli... *"Senin yüzünden kendimi aşağılanmış hissettim. Sen buna neden oldun" demek yerine, "Ben kendimi kötü hissettim" demek ancak bir iletişim ustasının kavrayacağı incelikli bir detay...*

Bu ayrıntıyı lütfen unutma. Niyetin çözüm odaklı olduğunda "ben" diye konuşursun, niyetin kavga etmek olduğunda "sen" diyerek suçlarsın. Her iki deneyimin sonuçlarından da sen sorumlu olursun.

Unutma herkes senin gibi zor zamanlar yaşayabiliyor. Onu da anlamalıyız ve onu da Yaradan'ın bir parçası olduğunu unutmamalıyız.

Üçüncü Nefis Mertebesi

Kamış Sabrı Öğreniyor

Bu mertebe sabrın mertebesidir. Sabretmeyi bilenlerin... *Bu sabır içten gelir, bu sabır sadece oturup beklemek değildir. Bu sabır ileri görüşlü olabilmeyi gerektirir. Bu mertebede dikene bakıp gülü görürsün. Karanlıkta, aydınlığı görürsün.*

Bilirsin ki, *her acı gibi gözüken olayın bir anlamı, içinde bir dersi, bir hikmeti vardır.*

Sabır öyle bir iptir ki sen kopacak sanırsın o gittikçe güçlenir, sen bitecek sanırsın o gittikçe çoğalır.

Ney kamışı bu aşamada, bir seneye yakın bekler. Bazı kamışlar bir süre güneşin altında tutulurlar. Ney burada beklemeyi, olgunlaşmak ve kemale ermek için sabretmek gerektiğini öğrenir.

Zaten Batı'da yapılan bilimsel araştırmalar da insanın herhangi bir konuda ustalık seviyesine gelmesi için 10 bin saat o işi yapması gerektiğini söyler.

İstemenin İçindeki Gizli Sır

Ben ney öğrenmeyi çok istediğim zamanlar gerçekten bu kadar emek verilmesi gerektiğini bilmiyordum. Ama o emeği vermeye de gönüllüydüm. Sonra anladım ki, her güzel şey emeğin sonucunda ortaya çıkıyor ve aslında insanın mutluluğu da verdiği emeğin karşılığını görmekle oluyor.

İstemek = İstem + Emek demiştik hatırlarsan. Emek vermek güzeldir. *Hiçbir çiçek vaktinden önce açmaz, tam zamanında ve en güzel şekliyle açar.*

Kelebeğin Hikâyesi

Bir gün, kırlarda gezintiye çıkan bir adam, birbirinden güzel çiçek ve bitkileri izlerken küçük bir kozanın varlığını fark etti. Koza ha açıldı ha açılacak... Adam, bunun bir kelebek kozası olduğunu tahmin etti hemen. Bu fırsat bir daha ele geçmez diye düşündü ve bir kelebeğin dünyaya geldiği ilk dakikalara şahit olmak istedi.

Beklemeye başladı ama kelebeğin küçük bedeni hâlâ kozadan çıkmadı. Kelebeğin dışarı çıkmak için çaba harcamaktan vazgeçmiş olabileceğini düşündü. Bu yüzden, kelebeğe yardımcı olmaya karar verdi ve cebindeki küçük çakıyı çıkarıp kozadaki deliği büyütmeye başladı. Böylece kelebek hemen çıkıverdi kozasından. Fakat bedeni zayıf ve güçsüzdü. Adam kelebeği izlemeye devam etti. Nasıl olsa birazdan kanatlarını açıp uçacaktı, ama olmadı. Kelebek, hayatının geri kalanını, kurumuş bir beden ve buruşmuş kanatlarla yerde sürünerek geçirdi. Ne kadar denese de, asla uçamadı.

Adamın bütün iyi niyetine ve yardımseverliğine rağmen anlayamadığı şey, kelebeğin o daracık deliği büyütmeye çalışırken kanatlarını güçlendirdiği ve bedenindeki yaşam sıvısının ancak o zorlamayla kanatlarına gidebileceğiydi.

Adam bu gerçeği öğrendiğinde, hayat boyu unutamayacağı bir ders almıştı. Bazen, hayatta tam olarak ihtiyaç duyduğumuz şey, zorlanmalardır, çabalardır. Eğer hayatta herhangi bir çaba olmadan ilerlememize izin verilseydi, o zaman bir anlamda sakat kalırdık, güçlenemezdik. Ve asla uçamazdık.

Sabır boyun eğmek değil, mücadele etmektir.

Sabır hiçbir şey yapmadan beklemek değildir. Aksine her güzel şeyin emek sonrası geldiğini bilmek ve zorluklara göğüs germektir. Tıpkı kelebek hikâyesindeki gibi.

Hayatındaki olumsuzluklara sabredebilmen için bakış açını değiştirmen gerekir. Duygulara farklı bir açıdan bakmayı öğrenirsen olumsuz duyguları olumlu duygulara çevirebilirsin.

Olumsuz duyguları olumluya çevirme

Olumsuz duygular, kaçınılması gereken, hissetmesi yıpratıcı duygular değildir. Olumsuz duygulardan korkma. Hissetmiyor gibi davranma. Direnç göstermeden her duygunun gelişini kabul et ve izle. Olumsuz duyguların da söyleyeceği şeyler vardır.

Olumsuz duygular, sende bir şeylerin ters gittiğini söyler. Dikkatini çekmek ister.

Bilinçaltın, bedenlenerek karşına geçip seninle konuşamaz ama birtakım hisler duymanı sağlayarak seninle iletişime geçebilir. Böylece sen de eksiklerini gidererek daha iyi bir sene doğru yol alırsın.

Duyguların sana armağandır, sana rehberdir.
Seni doğru yola çekmek için rehberlik eden
yaşam koçu gibidir.

Kim bilir belki de hissettiğin olumsuz duygular yüzünden gidip bu kitabı satın aldın. Kendini iyi hissetmenin ve potansiyelini açığa çıkarabilmenin rehberliğine ulaştın. Belki senden yeni bir sen inşa edeceksin. Bütün bunları olumsuz duyguların içinden çıkan hediyelere borçlusun.

Olumsuz duyguların içindeki hediyeyi görmek için 3 adım

1. Çekirdek duygunu keşfet: Çekirdek duygu, hissettiğin olumsuzluğun arkasındaki duygudur. Bu yüzden "Berbat haldeyim, bugün çok kötüyüm" ifadeleri çekirdek duyguyu anlatmaya yetmez. Bunun için "Evet berbat haldeyim ama bunu destekleyen duygum ne?" sorusunu sormalı ve cevabı aramalısın. Kızgınlık mı, öfke mi, hayal kırıklığı mı?

Aldığın ilk cevap öfkeyse soru sormayı bırakma. "Gerçekten öfke mi hissediyorum, yoksa hayal kırıklığı mı?" diye sor.

Cevap hayal kırıklığıysa yine vazgeçme ve diğer soruyu da sor: "Gerçekten hayal kırıklığı mı, yoksa incinme mi?"

Cevap incinmeyse ve sen bu duygundan artık eminsen ikinci aşamaya geçebilirsin.

2. Duygularını ifade et: *Duyguların esaretinden kurtulmanın en etkili yolu duyguyu ifade etmektir.* Örneğin "Şu anda incindiğimi hissediyorum ve kendimi olduğum gibi kabul ediyorum" diyebilmek ve bunu içtenlikle deneyimlemek, yaşadığın olumsuz çekirdek duygunun enerjisini nötralize eder, sıfırlar.

3. Duygunun sana verdiği armağanı fark et: Hissettiğin çekirdek duygun hakkında düşün ve bu duygunun sana verdiği mesaja ulaş.

Duygularının sana rehberlik ettiğini unutma.

İşin içinden çıkamadığında, problem çözen sorular üzerinde çalış.

Problem çözücü sorular

Efsane Wimbledon'ın ilk zenci şampiyonu Arthur Ashe kanser olduğunu öğrenmişti.

Dünyanın her köşesindeki hayranlarından mektuplar yağmaktaydı.

Bir tanesi şöyle diyordu: "Tanrı böylesine kötü bir hastalık için neden seni seçti?"

Arthur Ashe cevap verdi: "Dünyada 50 milyon çocuk tenise başlar. 5 milyonu tenis oynamayı öğrenir. 500 bini profesyonel tenisçi olur, 50 bini yarışmalara girer, 5 bini büyük turnuvalara erişir, 50'si Wimbledon'a kadar gelir, 4'ü yarı finale, 2'si finale kalır. Elimde şampiyonluk kupasını tutarken Tanrı'ya 'Neden ben?' diye hiç sormadım. Şimdi acı çekerken, Tanrı'ya nasıl 'Niye ben' derim?"

Arthur Ashe "Niye ben?" sorusu yerine "Hastalığımı yenmek için ne yapmalıyım, bu hastalık bana yaşamımla ilgili hangi dersi verdi?" sorusunu sorduğunda tüm bakış açısı ve morali değişti. Bugün bilimadamları kanser gibi hastalıklar konusunda moralin ve olumlu bakış açısının ne kadar önemli olduğunu anlatıyorlar.

Sorular bizim düşünce yapımızı çok hızlı değiştirebilme gücüne sahipler. Doğru sorular, en kötü durumda bile iyi hissetmemizi sağlayabilir. Aynı şekilde yanlış soru kötü hissetmemize neden olur.

"Niye bunca dert benim başıma geliyor?" sorusunu sorduğunda muhtemelen bilinçaltın, "Çünkü sen şanssız birisin, sen nazara geliyorsun, bunları hak etmiyorsun" şeklinde olumsuz cevaplar verecektir. Olumsuz soru, olumsuz cevap almana neden olur.

Diyelim ki birine akıllı olup olmadığını soracaksın. Bu soruyu iki şekilde sorabilirsin:

1. Sen akıllı bir insan mısın?
2. Sen akılsız bir insan mısın?

Birinci soru olumlu olduğu için muhtemelen, "Evet akıllı sayılırım" cevabını alırsın. Ama ikinci soruya alacağın karşılık muhtemelen "Sensin akılsız, sen kendine bak!" şeklinde öfkeli reaksiyonlar olacaktır.

Oysa iki soru da özünde aynıydı!

Peki neden farklı sonuçlara yol açıyor?

Değişen ne?

Sorunun içindeki olumsuz kelime, olumsuz cevaplar almana neden olur. Bu yüzden olumsuz bir olay karşısında kendini iyi hissetmeni sağlayacak en iyi yöntem, o an olumlu bir soru sormaktır.

Kanser hastası bir danışanım vardı. Uzun zamandır tedavi görüyordu ama aklında tek bir soru vardı: "Ya iyileşemezsem?..."

Şimdi bu soruyu soran kişi sence nasıl cevaplar alır? Muhtemelen olumsuz cevaplar alır değil mi?

Ama "Ben bu hastalığı nasıl yenerim?" diye sorduğunda olumlu cevaplar gelmeye başlar.

Hastam bu soruyu sordu ve aklına gelen ilk cevap, daha önce bu hastalığı yenmiş olan insanlar oldu. Sonra internette araştırma yaptık. Hastalığı yenen insanları bulduk, hatta bu konuda yazılmış birkaç kitap okuduk. Hastalığı yenen insanların hayatıyla kendi hayatı arasında benzerlikler buldu. Mesela birçoğunda fazla kontrolcülük, her şeyi yönetmeye çalışma, anı yaşayamama gibi refleksler keşfetti.

Arkasından yeni ve olumlu sorular geldi.

Kontrolcülüğümle nasıl baş edebilirim?

Tevekkülü ve teslimiyeti nasıl öğrenebilirim?

Anı nasıl yaşayabilirim?

Bu soruların her birinin çözümlerini birlikte bulduk. Ve ona bir "Anı Yaşama Egzersizi" öğrettim. Kitabın ilerleyen bölümlerinde bu egzersizi sana da anlatıyor olacağım.

Sonra bu hastalıktan ne öğrendiğini sordum. Bir süre sessiz kaldı ve düşündü. Ardından "Hangi konularda daha dikkatli olmam gerektiğini öğrendim" dedi. Bütün cevaplarını yazdı. Sonra her birini uygulaması için bir plan çizelgesi oluşturduk; şükretme egzersizi, nefes egzersizi, affetme egzersizi, neyzen nefesi... (İlerleyen sayfalarda bütün egzersizleri okuyor olacaksın.)

Kısa sürede bakış açısı tamamen değişti, bambaşka bir insana dönüştü. Şu anda tamamen sağlıklı ve hâlâ sık sık görüşüyoruz. O da artık hastalığından öğrendiği bütün dersleri etrafına anlatıyor.

Gördüğün gibi sadece bir doğru soru bütün hayatını değiştirdi. *Hislerimizi olaylar değil, olaylara karşı takınacağımız bakış açılarımız oluşturur.*

Bir baba iki oğul

Amerika'nın en ünlü gazetelerinden birinde şu haber yayımlanmıştı: Bir babanın iki oğlu var. Anneleri onları küçük yaşlarda terk etmiş. Baba da çocuklarıyla hiç ilgilenmemiş. Üstelik aynı zamanda bir suçlu... Gasp, uyuşturucu, hırsızlık suçlarından sabıkası var. Sonunda cinayetten hapse girmiş. Ömür boyu hapis cezasına çarptırılmış. Adamın 30'lu yaşlarına gelmiş iki çocuğuyla röportajlar yapılmış. Oğullarından biri, tıpkı babası gibi, defalarca hapse girmiş çıkmış, uyuşturucu batağına saplanmış, gasp ve hırsızlık olaylarına karışmış.

Muhabir bu adamla röportaja gittiğinde "Böyle biri olmanızdaki en büyük etken ne?" diye soruyor.

Adam cevap veriyor: Babam.

Sonrasında diğer oğluyla röportaja gidiyor. Bu oğlan son derece düzenli, keyifli, mutlu bir hayat yaşıyor. Şahane bir ailesi var. Hayatından memnun. Örnek gösterilecek bir yaşamı var.

Muhabir, yine aynı soruyu soruyor: "Böyle biri olmanızdaki en büyük etken ne?"

Adam cevap veriyor: Babam.

Yaşadığımız olaylara verdiğimiz anlam hayatımızı tamamen değiştirebilme gücüne sahip. Doğru sorularla hislerimizi değiştirebiliriz.

Bu sorularla problemini hızlı bir şekilde çözebilirsin!

1. Bu problemin iyi yanı nedir?

2. Bu problemin hediyesi nedir?

3. Bu problemi bir daha yaşamamak için neler yapmalıyım?

Hatırlarsan ney hikâyesinde, kamışın görünürde acılı bir süreçten geçtiğini fakat sonunda içli bir neye dönüştüğünü anlatmıştık. Mevlana'nın *"Başımıza gelen olaylar bizi kahretmek için değil, olgunlaştırmak ve kemale erdirmek içindir"* sözünü de bu noktada hatırlamak lazım.

Her sorunun iyi bir yönü de vardır. Mutlaka bir ders içeriyordur. Yine hatırlarsan Kızılderililerin meşhur bir sözünden bahsetmiştik: *"Her trajedi diğer elinde bir hediyeyle birlikte gelir ama trajediye o kadar odaklanırız ki, diğer elindeki hediyeyi görmeyiz bile."*

Bu problemin iyi yanı nedir?

Bu problemin hediyesi nedir?

Sorularını sormak, olayın içindeki hediyeyi buldurur.

Belki aradığın cevap aklına hemen bir anda gelmez. Ama sen sormaya devam ettiğin sürece mutlaka cevaba da ulaşırsın.

Bu iki soruyu sorduktan sonra diğer soruya sıra gelir.

Bu problemi bir daha yaşamamak için hayatımda neler yapmalıyım?

Bu soru probleminden ders almanı sağlayacak ve ileride belki daha büyük hatalar yapmanı engelleyecektir.

Sporcuların zihinlerine kazıdıkları bir cümle vardır: *"Başarısızlık yok, sadece sonuçlar var."*

Bu ne demek?

Yani 100 metre yarışında birinci olamayan atlet başarısız olduğunu düşünmez, sonucu değiştirmek için neler yapabileceğine odaklanır. Daha fazla antrenman ya da teknikler üzerinde düşünür.

Eğer birinci olamadığı her yarışı başarısızlık olarak görseydi spor hayatı çekilmez bir işkenceye dönüşürdü.

İşte biz de hayatımızdaki sorunlara ve başımıza gelen olaylara, "Allah kahretsin, bu sorun da geldi beni buldu" demek yerine, önce problemin içindeki hediyeyi görmek, sonrasında da aynı problemi bir daha yaşamamak için almamız gereken önlemlere odaklanmalıyız.

> *"Bir insanın zekâsı verdiği cevaplardan değil, sorduğu sorulardan anlaşılır."*
> – Albert Einstein

Problem çözen soruları son kez tekrarlayalım:

1. Bu problemin iyi yanı nedir?
2. Bu problemin hediyesi nedir?
3. Bu problemi bir daha yaşamamak için neler yapmalıyım?

Akşam soruları

Benim her akşam yaptığım bir egzersiz var. Bunu da seninle paylaşmak isterim. Her akşam yatağa yattığımda kendime şu soruları sorarım:

"Bugün ne öğrendim?"
"Bugün dünkü hayatımdan bir adım bile olsa ileriye gidebildim mi?"

"Bugün insanlara bir katkıda bulunabildim mi?"

"Sorduğum bu sorular her gece gün içinde yaptıklarımı sorgulamamı ve ertesi güne daha enerjik uyanmamı sağlıyor."

İçinde inci olan sedef

Gördüğün gibi sabırlı olmak, olaylara farklı açılardan bakabilmektir. Olayların içindeki güzeli görebilmektir.

Hayat çoğu zaman görünenden ibaret değildir.

"Kabuğu kırılmış sedef üzüntü vermesin sana,
çünkü içinde inci vardır."

– Mevlana

Midyenin içine giren bir kum tanesi başlangıçta ıstıraptır
ama sonunda inciye dönüşür.

Güneş her gece batıyor gibi görünüyor
ama aslında dünya dönüyor.

Dördüncü Nefis Mertebesi

Ney'in İçi Delinir ve Hiçlik Başlar

Dördüncü mertebe neyin doğrultulduğu, kızgın demirle içinin delindiği ve temizlendiği aşamadır. Hiçliğin başladığı evredir.

Bu dünyada herkes bir şey olma derdindeyken,
onlar hiç olmanın peşindedir.

Çünkü hiç olan kişi teslimiyet içinde olan kişidir. Hiç olan huzur içindedir. Rahattır, özgürdür.

Neyzen Tevfik ve hiç hikâyesi

Bir gün Neyzen Tevfik meşhur bir sanatçı arkadaşının cenazesine katılıyor.

Cenazeye belediye başkanı da geliyor.

Neyzen Tevfik'i görüyor ve alaylı bir ifadeyle "Sen kimsin?" diyor. Neyzen Tevfik de "Hiç" diyor. Adam da gülümsüyor alay eder gibi... Sonra Neyzen Tevfik ona soruyor: "Peki siz kimsiniz?" Adam cevap veriyor: "Ben belediye başkanıyım."

Neyzen Tevfik, başını sallıyor. "Peki sonra ne olmayı düşünüyorsunuz?" diyor.

"Bilmiyorum, belki milletvekili olurum."

"Peki ya sonra?"

"Belki bakan olurum."

"Ya sonra?"

"Başbakan olabilirim."

"Ya sonra?"

"Cumhurbaşkanı bile olabilirim."

"Ya sonra?"

Adam sinirleniyor artık. "Daha ne olsun, hiç" diyor sonunda.

Bu kez Neyzen Tevfik'in yüzünde bir gülümseme beliriyor. "İşte ben sizin onca yoldan sonra geleceğiniz konumdayım şu an..."

Benlik zannı zihindir, sürekli konuşur susmaz. Dinlenmemize izin vermez. Hiçlik bilinciyse tevekküldür. Elinden geleni yaptıktan sonra, akışa uyum sağlamaktır.

Hiç olan özgürleşir.

Papağanın hikâyesi

Mevlana'nın *Mesnevi*'sinde çok güzel bir hikâye vardır.

Eski zamanlarda tüccarın birinin güzel bir papağını varmış. Tüccar papağanına güzel bir kafes yaptırmış. Çok önemsermiş hayvanını. Bir gün ticaret işleri için Hindistan'a gidecekmiş. Evdeki herkese tek tek ne hediye istediğini sormuş, sıra papağana da gelmiş tabii. Papağan, "Sen benim vatanıma gidiyorsun" demiş. "Orada benim gibi nice papağanlar var, özgürce dünyanın keyfini sürüyorlar. Onlara de ki, benim de bir papağanım var, kafeste ve mutsuz. Mutlu olması için ona ne önerirsiniz? Sen sor, onlar bilirler."

Adam Hindistan'a gitmiş, işlerini hallettikten sonra hane halkının hediyelerini almış, sonra da papağanların yaşadığı yerlere gitmiş ve bir papağana kendi papağanının maruzatını bildirmiş. Bunu duyan papağan donakalmış, yere düşüp ölmüş.

Adam ne yapacağını bilememiş, kendi papağanının durumuna üzüldüğü için öldüğünü zannetmiş. Eve dönmüş, ev halkının hediyelerini dağıtmış. Kafesteki papağan merak içinde adamı bekliyormuş. Adam olan biteni olduğu gibi anlatmış. "Papağan önce donakaldı, sonra düşüp öldü" demiş.

Tam o anda tüccarın papağını da hareketsizleşmiş, düşüp bayılmış. Tüccar hayvanın öldüğünü sanıp hemen kafesinden çıkarmış, pencerenin kenarına yerleştirmiş. Papağan bu sırada canlanıp sahibinin elinden uçmuş ve bir ağacın dalına konmuş. Adam şaşkınlıkla papağana bakmış.

"Hindistan'daki papağan yaptığı hareketle bana ders verdi" demiş papağan. "Hal diliyle bana dedi ki, seni sesin esarete düşürdü. Kendini ölü gibi gösterirsen bu esaretten kurtulacaksın."

Mevlana bu hikâyesinde zihnimizin bizi bir kafese esir ettiğini, ölmeden önce ölmeninse bizi özgürleştiğini anlatır. *Her nefeste yenilenmeli, yepyeni bir yaşama doğmak için ölmeden önce ölmeli.*

Muhtaçlık Enerjisi Yayma

İşte hiç olmak böyle bir şey. Hiç olduğunda mal, mülk, makamdan da özgürleşirsin, muhtaçlığın kalmaz. Sen muhtaç olmadıkça evrenin yasası gereği mal, mülk de sana daha çok akar.

İlişkilerde, parada ve hayatın içindeki birçok dinamikte eğer karşı tarafa muhtaç olduğunu hissettirirsen senden uzaklaşır. Ama muhtaçlık enerjisinden kurtulursan sana akmaya başlar.

Affetmek ve Özgürleşmek

Kamışın içi aslında kapalıdır, bu yüzden ney yapılırken içi delinir, oyulur ki içinden nefes geçebilsin. İnsanı da tıkayan bazı duygular ve düşünceler vardır. En önemlisi de beslediğimizin farkında bile olmadığımız kin duygusudur.

Peki kinden nasıl kurtuluruz?

Affederek.

Affederek, kendini özgürleştirir, barışla ve sevgiyle büyüyüp gelişmenin yolunu açarsın.

Affedememek ve kin duymak, şifanın önündeki en büyük tümseklerdir. İyi bir şifacının kinle ve geçmişle işi olmaz.

Affederek onu değil, kendini özgürleştirirsin.

Kimsenin hatasını anlayarak senden özür dilemesi beklentisi içinde olmamalısın. *Affet ve kin yükünden kurtul. Sana hizmet etmeyen, köreltici, örseleyici, karanlık bir yükün hamallığını yapma.*

Affetmek, egzersizle zaman içinde gelişen bir kas gibidir. Bunun için düzenli şekilde çalışmalar yaparak, affetme becerini geliştirebilirsin.

Affetme egzersizi, işini oldukça kolaylaştıracaktır.

Şimdi sana bir affetme egzersizi öğreteceğim. Bunu zaman zaman uygula ve lütfen içindeki tortulardan, fazlalıklardan kurtul.

Affetme egzersizi

Rahatsız edilmeyeceğin sessiz bir ortamda oturabilir ya da dilersen uzanarak gözlerini kapatabilirsin.

Burnundan derin nefesler alıp uzun sürede ve yavaşça ver, zihnini yavaşlat.

Sonbahar mevsiminde olduğunu hayal et. Turuncu, sarı, kahverengi bir manzarayı izliyorsun doğada.

Hatırla:

Sonbahar sanattır,
diğerleriyse sadece mevsim...

Etrafında uzun, sarı yapraklı ağaçlar var. Karşında şahane bir göl...

Ağaçların arasında yürümeye başlıyorsun. Ayaklarının altında çıtırdayan dalların sesi geliyor kulağına.

Bu eşsiz doğanın içinde yürürken karşıdan birinin sana yaklaşmakta olduğunu fark ediyorsun.

Bir türlü affedemediğin, kalbini kinle ve nefretle doldurduğun insan sana doğru geliyor.

Yüzünü gördüğünde öfkeye kapılabilirsin. Görmemek için kaçıp gitmeyi bile düşünebilirsin ama bu defa değil. Artık onunla yüzleşeceksin. Artık aranızdaki bütün bağlar kopacak. Nefret ve öfke sonlanacak.

Affedemediğin insan, gözlerinin içine bakıyor şimdi.

Bu kez o susacak, sen konuşacaksın.

O, seni dinlemeye devam ediyor olacak.

Söylemek istediğin halde sustuğun ne varsa, şimdi tam sırası...

Dilersen bir kâğıt kalem al ve yazmaya başla ya da sesli şekilde onunla konuş.

Kırgınlığını ifade et. Uzun süre onu bağışlamayarak kendine zarar verdiğin gerçeğiyle yüzleş.

"Bana kattığın her şey için teşekkür ederim. Aramızda geçen iyi ve kötü her şeyden alacağımı aldım. Öğrendim ve kazandım. Seni affediyorum. Bundan sonra kalbimde ve aklımda olmayacaksın" de.

Onunla vedalaş. Geldiği yönden geri dönmesini bekle. Aranızda kocaman siyah renkli bir halat olduğunu gör ve cebinden kırmızı bir makas çıkarıp bu halatı kes. Yoluna gitmesine izin ver. Şimdi "Her insan hata yapar, geçmişte verdiğim yanlış kararlardan dolayı kendimi de affediyorum" de. Böylece kendini o kişiden tamamen özgürleştirmiş ol.

Artık aranızda hiçbir bağ kalmadı. İkiniz de tamamen özgürsünüz. Dingin bir şekilde neyzen nefesini uygula ve yavaşça gözlerini aç.

Neyzen nefesi

"Neyzen nefesi" nefesin çıkışının kontrollü ve az verilmesiyle yapılır.

Neyzenler ney üflerken, ney sesinin akıcılığı bozulmasın diye nefesi yavaşça ve kontrollü verirler. Neyzen nefesi ismi buradan çıkmaktadır. Nefesi birden vermek değil, bir yandan tutmak bir yandan da yavaşça vermek anlamını taşır.

Bir şeye tam olarak odaklanırken farkında olmadan nefesimizi tutarız. Karşımızda nefesleri kesen bir manzara ya da durum olunca bunu kendiliğinden, doğal olarak yapıyoruz. Bu tür durumlarda tam olarak anın içindeyizdir.

Neyzen nefesi nasıl yapılır?

Neyzen nefesi için nefesimizi burnumuzdan alıyoruz ve yavaşça ağzımızdan veriyoruz. Nefesimizi ilk aşamada 16 saniyede vermeye çalışıyoruz. Daha sonra bu konuda ustalaştıkça 32 saniyeye kadar çıkarabiliriz.

Nefesi alırken kaç saniye aldığınızın önemi yok, burada dikkat edeceğiniz, ilk aşamada 16 saniyede vermektir.

Nerede yapılır?

Neyzen nefesini her yerde her zaman kullanabilirsiniz. Yalnız bir seferde 3 defadan fazla uygulamayın ve bir sağlık sorununuz varsa doktorunuza danışmayı unutmayın.

Ne zamanlar yapmalı?

Korku, endişe, öfke durumlarında uygulayabilirsiniz. Doğru bir şekilde uygularsanız hemen etkisini ve faydasını göreceksiniz.

Bu çalışmadan sonra aşağıdaki olumlamaları sesli şekilde tekrarla:

"Ondan özgürleşmeyi seçiyorum."
"Onun negatif enerjisinden özgürleşmeyi seçiyorum."
"Ben özgürlüğü seçiyorum."
"Onun bendeki bütün negatif enerjisini bırakıyorum."
"Onu affediyorum."
"Kendimi affediyorum."
"Özgür bir ruh olmayı seçiyorum."
"Sevgiyi seçiyorum."
"Kendim olmayı seçiyorum."
"Kendime değer veriyorum."
"Gereksiz yüklerimden kurtulmayı seçiyorum."
"Ben özgür bir ruhum."
"Ben değerli bir ruhum."
"Ben sevgiyim."
"Kendimi ve herkesi affediyorum."
"Kendimi bilmeyi seçiyorum."

Affettikçe Özgürleşeceksin

Affettikçe özgürleşeceksin, özgürleştikçe ferahlayacaksın. Ferahlamana ve özgürleşmene izin ver. İyi halin, etrafındaki herkesi olumlu yönde etkileyecektir. Bugününü daha huzurlu yaşamanı sağlayacaktır.

Öfkelendiğimizde neden yüksek sesle konuşuruz?

Yaşlı bir ermiş öğrencileriyle gezinirken nehir kenarında birbirlerine öfkeyle bağıran bir aile görmüş. Öğrencilerine dönüp "İnsanlar neden birbirlerine öfkeyle bağırırlar?" diye sormuş. Öğrencilerden biri "Çünkü sakinliğimizi kaybederiz" deyince ermiş "Ama öfkelendiğimiz insan yanı başımızdayken neden bağırırız? O kişiye söylemek istediklerimizi daha alçak bir ses tonuyla aktarabilecekken niye o kadar yüksek sesle söyleriz?" diye sormuş yine.

Öğrencilerden ses çıkmayınca anlatmaya başlamış: "İki insan birbirine öfkelendiği zaman, kalpleri birbirinden uzaklaşır. Bu uzak mesafeden birbirlerinin kalplerine seslerini duyurabilmek için bağırmak zorunda kalırlar. Ne kadar çok öfkelenirlerse, arada açılan mesafeyi kapatabilmek için o kadar çok bağırmaları gerekir."

Peki, iki insan birbirini sevdiğinde ne olur? Birbirlerine bağırmak yerine sakince konuşurlar, çünkü kalpleri birbirine yakındır, arada mesafe ya yoktur ya da çok azdır. Peki, iki insan birbirini daha da fazla severse ne olur? Artık konuşmazlar, sadece fısıldaşırlar çünkü kalpleri birbirlerine daha da yakınlaşmıştır. *Bir süre sonra konuşmalarına bile gerek kalmaz, sadece birbirlerine bakmaları yeterli olur. İşte birbirini gerçek anlamda seven iki insanın yakınlığı böyle olur.*

Bu nedenle tartıştığınız zaman kalplerinizin arasına mesafe girmesine izin vermeyin. Aranıza mesafe koyacak sözcüklerden uzak durun. Aksi takdirde mesafenin arttığı öyle bir gün gelir ki, geriye dönüp birbirinize yakınlaşacak yolu bulamayabilirsiniz.

Sakinleşme

Yıllarca içinde bulunduğum tasavvuf öğretisinin bana en büyük hediyelerinden biri sakinlik oldu. Artık olayları kendiliğinden gelişen bir refleksle sakince karşılıyor ve çözebiliyorum. Hayata kurban psikolojisiyle değil, kendi değerimin farkında olan bir adam olarak bakıyorum.

Danışanlarımda da gördüğüm en hızlı değişim sakinleşmeleri oluyor. Daha rahat uyuyorlar. Genel olarak düşüncelerini yönetebilmeyi başarıyorlar.

Değişim süreci herkeste farklıdır. Ama en önemlisi *hayatın kurbanı rolünden çıkıp, hayatının ressamı olduğunun bilincine varmak...*

Topal Tilki misin Yürekli Aslan mı?

Adam ormanda dolaşırken çalıların arasında bir tilki görür. Ne yazık ki tilkinin dört bacağı da sakat...

Tilkinin bu halde nasıl hayatta kalabildiğini merak edip izlemeye başlar. Bir de ne görsün?

Ağzında karnını doyurmak için avladığı bir hayvanla kocaman bir aslan çıkagelir, yarısını kendi yer, diğer yarısını da topal tilkiye verir. Ve oradan ayrılır.

Adam gördüğü sahne karşısında çok etkilenir. "Allahım..." der. "Sen yarattığın canlıları ne güzel koruyorsun. Bundan sonra sana teslimim."

Bunun üzerine adam bir ağacın altına yerleşir ve beklemeye başlar. Bir gün olur, iki gün olur hiçbir gelişme yaşanmaz. Adam artık ölecek noktaya gelir.

Sonunda ellerini göğe açıp seslenir. "Allahım..." der. "Sen beni görmüyor musun? Bak ne haldeyim?"

Bu sırada gökten bir ses işitilir.

"Görüyorum, görüyorum... Fakat çok şaşırıyorum. Neden sakat tilkiyi taklit ettin de ona yardım eden yürekli aslanı örnek almadın?" diye sorar.

Bu soruyu sen de kendine sıklıkla sor. "Bu hayatın içinde kimi oynuyorsun? Topal tilkiyi mi yürekli aslanı mı?"

Birilerinden bir şey bekliyorsan bil ki topal tilkinin acziyetini tercih ediyorsundur. Kurban rolünü oynamaktan vazgeç, yürekli aslan olmayı seç.

Şimdi bir sonraki mertebeye geçmeden sana soruyorum, yürekli aslan olmayı seçiyor musun?

Sen Hiç Elma Yedin mi?

Öfkesini kontrol edemeyen insan, hayatını da kontrol edemez. Sürekli başkalarını suçlar. Hayatını kurban rolünde yaşar. *An*'ın içinde değildir. Ya geçmiştedir ya gelecekte... *An*'ı yaşayamadığımızda, şimdinin tadını alamadığımızda ve geçmişteki kötü anılara saplandığımızda stres seviyesi çok yükselir.

Peki ya sen *an*'ı yaşayabiliyor musun?

An'ı yaşamak, hiçbir şey düşünmemek değil, her ne yapıyorsak sadece onu yaşamaktır.

Mesela sen hiç elma yedin mi?

Tabii ki yedin.

Ama gerçekten hissederek yedin mi?

Elmayı *an*'ın içinde yemekten söz ediyorum ben. Onu her şeyiyle hissederek yedin mi?

Gel, şimdi bir tane daha ye...

Elmayı eline al. Acele etme. Ona bak. Rengine, şekline, boyutuna bak. Kırmızı renkli mi, üzerinde lekeleri var mı, renginin tonu yer yer değişiyor mu? Dikkatle bak.

Avuçlarının içinde hissettiğin dokusunu izle. Sert mi, yumuşak mı, soğuk mu, ağır mı?

Sonra burnuna götür ve kokla. Kokular çok önemlidir. Parfümlere ödediğin onca paranın karşılığında bile elmanın kokusundaki hazzı, doyumu ve iyiliği bulamazsın.

Elmayı dudaklarına götür ve yavaşça ısır. Dilinin arasında çıkardığı sesler, ağzının içine akan suyu hisset. Bunları yaparken tamamen orada ol. Ağzına yayılan kokusunu duy. Dilinde bıraktığı tadı yaşa. Boğazından geçişini hisset.

İşte bu deneyim, bir elmayı gerçekten yemektir. *An*'da olmak, yaptığın işin içinde var olmaktır. Çünkü şu evrendeki her şey hem gözümüze, hem midemize, hem ruhumuza hitap ediyor. Tıpkı elma gibi. Görüntüsü gözümüze, tadı dilimize, vitaminleri vücudumuza fayda sağlıyor. Hayatın tadını gerçekten alabilmek, gerçekten hissedebilmek için yaşadığımız *an*'ın içinde olmalıyız. Çoğu zaman yemek yemiyoruz, tabiri caizse tıkınıyoruz aslında. Çünkü elmayı yerken, yemeği yerken kafamız ya geçmişi ya da geleceği gösteriyor.

Düşünceleri Durdurmak İçin: Tuzlu Su Arınması

Eğer düşüncelerini durdurmakta sorun yaşıyorsan, zaman zaman öfken seni esir alıyorsa, *an*'ı yaşamakta zorlanıyorsan, üzerinde çok fazla yük varmış gibi hissediyorsan bunları çözebilmen için sana çok güzel bir teknik önereceğim.

Adı tuzlu su arınması... Bu teknik binlerce yıldır kadim öğretilerde kullanılmaktadır.

Gün içinde yüklendiğin negatif enerjiyi kolaylıkla atmanı sağlayacak bu egzersizi uygulamak oldukça kolay... Sadece bir parça kayatuzuna ya da marketlerde bulunabilen turşu tuzuna ve suya ihtiyacın var.

Hepsi bu...

Önce ayaklarının içine sığabileceği bir kap bulmalısın.

Sonrasında ister sıcak, ister ılık, ister soğuk suyla kabı doldur.

Arkasından suya iki avuç kayatuzu ya da turşu tuzu ekle.

Çoraplarını çıkarıp paçalarını sıva ve ayaklarını tuzlu suya yerleştir, döktüğün tuz parçacıklarının üzerine bas.

Yaklaşık on dakika boyunca ayaklarının suda dinlenmesine izin ver.

On dakikanın sonunda ayaklarını durulayıp kurulayabilirsin.

Bu uygulamayı yaparken televizyonla ya da cep telefonunla ilgilenme. Mümkün olduğunca teknolojik aletlerden uzaklaş. Dilersen rahatlatıcı bir müzik dinleyebilirsin.

Tuzlu su çalışması yaparken dikkatin dünyevi işlere odaklanmasın.

Eğer düşüncelerin seni çok fazla esir almışsa ve üzerinde duygusal ya da enerji açısından büyük bir yük var gibi hissediyorsan, bu uygulamayı 21 gün boyunca aralıksız yapmanı öneririm.

Sonrasında haftada 2 veya 3 kez uyguluyor olmanın bir sakıncası olmaz. Her gün düzenli şekilde yapılması çok faydalı ve etkili olacaktır.

Tuzlu su egzersizi için en doğru zaman akşam saatleri, özellikle de yatağa gitmeden önceki saatlerdir.

Beşinci Nefis Mertebesi

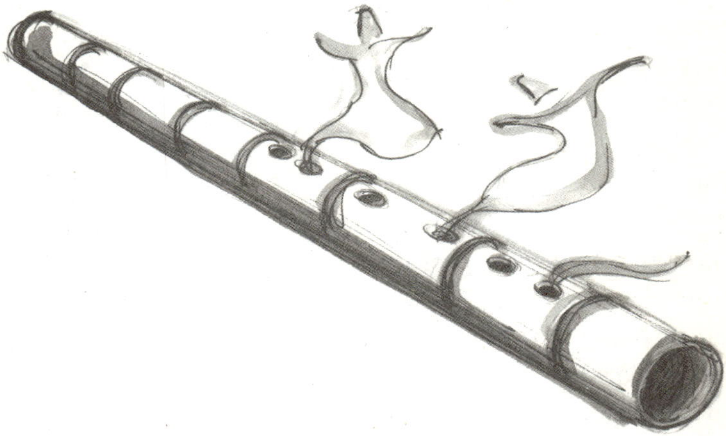

Ahengin Kaynağı

Burası artık kamışlıktan koparılan, sabrederek bekleyen, içi delinen, hiç olan kamışa, notalarını kazandıran deliklerin açıldığı aşamadır.

Burası mutlak teslimiyet evresi... Daimi şükrün yeri... Hayatı olduğu gibi kabul etme noktası... Ruhunla dengelenmenin zamanı...

Çoğu zaman Yaradan'ın bizi unuttuğunu, bizi hiç koruyup kollamadığını düşünür, kendimizce kadere kırılırız.

O seni her zaman kolluyor, sen fark etmiyorsun

Adamın biri karda yürüdüğü sırada takip edildiğini hissedip arkasına baktı. Kendi ayak izlerinin dışında bir çift ayak izi daha gördü.

Bunun üzerine meraklandı. Yoldan gelip geçerken sürekli arkasına dönüp bakmaya başladı. Bazen sadece kendi ayak izlerini görüyordu, bazen iki çift ayak izi gördüğü oluyordu. Acaba biri beni mi takip ediyor diye endişelendi. Sonra fark etti ki ikinci ayak izi her zaman olmuyordu. Sadece kendini iyi hissettiği zamanlar arkada kendinden başka ayak izi görüyor, kötü zamanlarındaysa o ayak izleri kayboluyordu.

Adam bir süre sonra kendi kendine düşünmeye başladı. "Ne biçim bir insan takip ediyor beni. Kötü hissedince yok, iyi hissedince var. Beni sevmeyen birinin takibindeyim. Oysaki *gerçek dostlar güneş parlıyorken değil, fırtınalar estiğinde yanında olmalı*" diye düşündü.

Tam o anda bir meleğe ait olabilecek güzellikte bir ses işitti.

"Ben hep seninleydim" dedi melek. "Hep senin arkandaydım. Bazen öyle kötüydün ki yürüyecek halin yoktu ve ben seni sırtıma alıp taşıdım. Bu yüzden bazı zamanlar sadece bir çift ayak izi gördün..."

Farkında olsan da olmasan da Yaradan seni gözlüyor ve kolluyor

Onu bilincinle algılaman her zaman mümkün olmayabilir. Hislerinin yolunu şaşırtma. *Gönül kapını, zihninin kölesi etme...*

Hayat iyisiyle kötüsüyle dengededir. Kabul et!

Bu mertebe hayatı olduğu gibi kabul edebilmenin mertebesi... Hayatın zıtlıklarla var olduğu bir denge seviyesi. Siyah olmadan beyazın olmayacağını algılamak, diken olmadan gülün olmayacağını bilmek... Bir tevekküldür bu seviye. Konuyu ifade edebilmek için sıklıkla anlatılan bir hikâye vardır. Seninle de paylaşmak isterim.

Bir zamanlar bir köyde büyük bir ağaç varmış. Bu ağacın gövdesinden iki büyük dal çıkarmış. Bir dalında sadece insana hayat ve sağlık veren meyveler yetişirmiş. Diğer dalındaysa zehirli ve ölümcül meyveler...

Gel zaman git zaman hangi dalında hangi meyvenin yetiştiğini unutmuş insanlar. Günün birinde yaşlı bir adam, yana yakıla gelmiş ağacın yanına. Hastalıktan ölmek üzere olan torununu kurtarabilmek için ağacın hayat veren meyvelerine ihtiyacı varmış ama hangi dalda hangisi yetişiyor bilmiyormuş.

Bunun üzerine gidip köylüleri çağırmış yanına. "Ben ağacın bir meyvesini alıp yiyeceğim" demiş. "Eğer ölürsem anlayın ki diğer daldaki meyveler hayat veren meyvelerdir. Bir tanesini alıp torunuma yedirin, onu iyileştirin."

Köylüler teklifi kabul etmiş. Herkes beklemeye başlamış. İhtiyar bir meyveyi alıp yemiş. Sonra ne görsünler? İhtiyarın ak saçları simsiyah olmuş. Bükülen beli dikleşmiş, yüzünün çizgileri silinmiş. Gencecik, yakışıklı bir adam olmuş. Hayat veren meyveleri bulmuşlar böylece. Bir tane de torununa alıp götürmüş. Çocuk da hemen iyileşmiş.

Köylüler hayat veren meyvelerden toplamaya başlamışlar. Gel zaman git zaman akıllarına bir mevzu takılmış. "Bizim çocuklar yanlışlıkla kötü meyvelerden yerlerse ölüler. En iyisi kötü dalı keselim. Sadece hayat veren meyvelerin yetiştiği dal kalsın."

Herkes bu konuda hemfikirmiş. Ağacın kötü meyveli dalı o gün kesilmiş. Fakat ertesi gün hiç beklemedikleri bir manzarayla karşılaşmışlar. Karşılaştıkları manzara onları şoke etmiş. Ağacın zehirli meyve veren dalları kesilince, hayat veren meyvelerin yetiştiği dal da kurumuş.

Bunun üzerine anlamışlar ki, hayatta her şey zıddıyla var.

Zıtlıkları reddetmek, hayatın dengesini de reddetmektir. Hakikati kabul etmemektir. Kâinatın düzenine direnmektir. Direnç, kırıcı ve yıkıcıdır. Esneklik ve kabuldür hayatı kucaklamaya yeten meziyet... O yüzden hayatın iyisiyle kötüsüyle bir dengede olduğunu kabul et ve bu kabulle hayatını yaşa.

Kötüyü reddedemezsin ama iyiliği pekâlâ seçebilirsin.

Hayatın zıtlıklarını kabul et. Ve yaşadığın her şey için şükret. *İstediğin gerçekleştiğinde şükretmek kolaydır, önemli olan dileğin gerçekleşmediğinde de şükredebilmektir.*

Şükür defteri

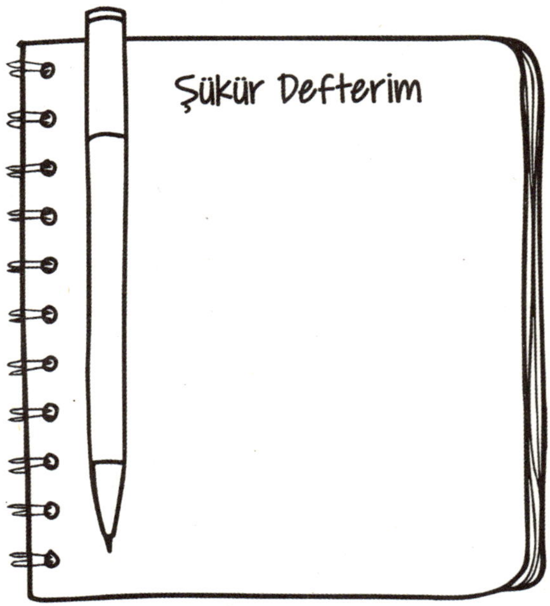

Şükür öyle bir enerjidir ki, sana hep daha fazlasını getirir. Şükrettikçe şükredeceğin şeyler çoğalır. O yüzden şükrü hayatının bir parçası haline getir.

Kendine bir şükür defteri edin ve şükrettiğin her şeyi düzenli olarak her gün yaz.

Örneğin: "Bugün çok güzel bir haber aldım. Bu güzel haber için şükrediyorum."

Ya da: "Bugün yeni bir dost edindim, böyle bir dosta sahip olduğum için şükrediyorum."

Sabahları güne şükürle başla:

"Güzel bir güne gözlerimi açtığım için şükrederim."

"Bu sabah da güneşi gördüğüm için şükrederim."

"Sağlığım için şükrederim."

"Sevgi dolu kalbim için şükrederim."

Her akşam günü şükürle sonlandır:

"Karnım doyduğu için şükrederim."

"Sevdiklerim yanımda olduğu için şükrederim."

"İşe gidip gelecek güce sahip olduğum için şükrederim."

"Sevgi dolu kalbim için şükrederim."

"Çözümcü anlayışım için şükrederim."

"Bugün de huzurla yatağıma dönebildiğim için şükrederim."

Şükrettikçe şükredeceğin şeyler çoğalır.

Biraz yavaşlamaya ihtiyacın var

Vakti zamanında bir sufi yolda karşısına çıkan atlıyı durdurdu ve "Aynı yöne gidiyorsak beni de yanına alır mısın?" diye sordu.

Atlı, sufinin gideceği şehri öğrenince, "Tamam..." dedi. "Senin köyünden geçeceğim. Gelebilirsin."

Bunun üzerine sufi, atlının arkasına atladı ve düştüler yola. Atlı öylesine hızlıydı ki, tozu dumana katıyordu adeta. Dörtnala uçarcasına gidiyordu at...

Bir süre sonra dinlenmek istediğini söyledi sufi. "Şurada biraz duralım" dedi. "Ağacın altında bekleyelim."

"Olur" dedi atlı.

Sufi, ağacın altına oturup kapadı gözlerini. Tefekkür halinde bir süre bekledi. Bir süre sonra, "Gidelim hadi" dedi.

Böylece yine düştüler yola.

Sufi, köyüne gelince indi attan.

Atlı dayanamayıp sordu.

"Ağacın altında neden beklediniz, çok merak ettim?"

"Öyle hızlı yol aldık ki, ruhlarımız geride kaldı. Bu yüzden bekledim."

Acele eden geç kalır

Sufi dingindir, acele etmez. Acele ettiğin işe gecikirsin. Hayatı telaş içinde ve koşturarak yaşayanların hiçbir zaman, hiçbir işe yetişemediklerini sen de çok görmüşsündür. Başlarına ya bir aksilik gelir ya da telaşları yüzünden farkında olmadan aksiliklerin doğmasına neden olurlar. Oysa sakin ve telaşsız insanların her işlerini kolayca halletmelerinin, her işe yetişebilmelerinin ve kendilerine geniş zamanlar yaratabilmelerinin ardındaki bilgeliği fark et.

Eğer kendini çok aceleci ve zihnini çok koşturur halde bulursan sana suyla yapabileceğin bir egzersiz öğreteceğim.

Suyun arındırıcı etkisi ve abdest

Namaz, Yaradan'la bağlantının kurulduğu andır. Bu yüzden Hazreti Muhammed, "Namaz müminin miracıdır" der.

Peki neden namaz öncesi abdest alınır? Abdestin genellikle namaz öncesi yapılan bir temizlik hareketi olduğu düşünülür ama abdestin en önemli özelliği dikkati ve konsantrasyonu sağlamak açısından suyla yaptığı uyarıdır aslında.

Dikkat ve konsantrasyon sağlandıktan sonra Yaradan'la bağlantıya geçeriz. Namaz sırasında gürültülü bir zihne sahip olmak, aklın başka konulara gidip gelmesi namazı amacından uzaklaştırır.

Abdestin sağlık ve sinir sistemi üzerindeki etkileri son zamanlarda bilimadamlarının da ilgi alanına girmiş ve bir araştırma konusu olmuştur.

Vücudun korunmasında ve temizlenmesinde çok önemli bir etkiye sahip olan lenf dolaşımı, abdest aldığımız zaman daha sağlıklı çalışır. Zira abdest sırasında suyla temas eden organlar, lenf sisteminin en önemli uyarılma noktalarını içerir.

Bedendeki statik elektrik dengesinin çeşitli sebeplerle zaman zaman artması sonucu birçok psikosomatik hastalık oluşur. Statik elektriğin artması pek çok açıdan bedene zarar verir. Erken yaşlanmak da bunlardan biridir. Ayrıca yorgunluk ve isteksizlik de hayatımızı olumsuz yönde etkiler. Abdest sayesinde suyla temas etmek, statik elektriğin azalmasını sağlar.

Sadece namazda da değil, dikkat ve konsantrasyon gerektiren sınav ya da toplantılarda da suyun uyarıcı gücünden faydalanabilirsin.

Yarım bırakılan işler ilerlemeni engeller

Tam da bu noktada bir uyarıda bulunmak istedim. Dikkatimizi dağıtan ve konsantrasyonumuzu bozan her şey, bu kitaptaki teknikleri uygularken de işimize taş koyabilir. O yüzden mümkün olduğunca çalışmalar yaparken işlerini yarım bırakmamalısın.

Rus psikolog Bluma Zeigarnik bir restoranda yemek yerken, garsonların yarım kalan siparişleri, tamamlanmış siparişlere göre daha çok hatırladığını keşfetmiş. Daha sonra yıllarca bunun sebebini araştırmış ve sonunda bir teoriyle ortaya çıkmış, bu teoriye de Zeigarnik etkisi demiş.

Zeigarnik etkisi; beynin tamamlanmamış veya yarıda bırakılmış işleri, tamamlanan işlere göre daha fazla hatırladığını ifade eden psikolojik bir kavramdır.

Dolayısıyla *yarım kalan işler, beyinde etki bırakmaya devam eder.* Beyin yarım kalan iş için enerji harcamayı sürdürür. Bu yüzden bir işi yarım bıraktığında ve daldan dala atlayıp başka işlere başladığında beynini fazla yormuş, yoğun şekilde ve boş yere enerji harcamış olursun. Önce elindeki işi bitir, sonra diğerine geç.

Ney yapılırken de her bir delik belli bir sırayla açılır. Bir delik tam olarak açılıp düzeltilmeden diğerine geçilmez. Önce bir işi bitirmeli, sonrasında diğerine geçmeliyiz.

Hayal gücünün etkisi ve rahatlama egzersizi

Kendini kötü hissettiğin zamanlar bir kaçış olarak duşa girdiğin hiç oluyor mu? Su seni rahatlatıyor değil mi? Şimdi bu etkiye bir de hayal gücünü katmanı isteyeceğim. Böylelikle her duş deneyiminde bir teknik de uygulamış olacağız ve kendi gelişimimize de bir katkıda bulunacağız.

Duşta suyun altındayken gözlerini kapat ve vücudundaki negatif enerjilerin, sıkıntıların tıpkı suda eriyen şekerle tuz gibi eriyerek aktığını hayal et. İki dakika boyunca yapacağın bu egzersiz kendini çok iyi hissettirecektir. Bu noktada hayal gücü çok değerli... Zihinde o negatif enerjilerin tamamen eridiğini hayal et. İmgeleyebiliyor olmak, yüksek oranda faydalı sonuçlar doğurur.

Küp şekerler

Yeri gelmişken bir doktor arkadaşımın hayal gücü ve hastalıklar arasındaki ilişkiye dikkat çeken bir anısını anlatmak isterim.

Rusya'da çocuklarla çalışan bir klinik varmış. Özellikle şeker hastası çocuklarla çalışan bir klinik...

Bu kliniğin dünya genelinde çocuk diyabetini iyileştirme oranları çok yüksek. Başarılarının ardındaki sebepler araştırıldığında şu fark ediliyor:

Klinikte diyabet tedavisinin yanı sıra her gün bir hayal egzersizi de yapılıyor. Çocuklar, içlerindeki hastalığın bir küp şeker olduğunu ve her su içtiklerinde bu küp şekerin yavaş yavaş eriyerek aktığını ve yok olup gittiğini hayal ediyorlarmış. Elde edilen sonuçlar şaşırtıcı derecede pozitif...

Hayal gücü, iyileşmeyi destekleyebileceğin en değerli ve en kolay kullanabileceğin yeteneğin... Hayal gücün konusunda cömert ve sınırsız olmanı dilerim.

Bebeklerin teslimiyetinden ders almak!

Tevekkül kabulün ve uyumun birleştiği bir huzur halidir. Bebekleri örnek gösterdiğimde sanırım konuyu daha iyi anlatmış olabilirim.

En âciz, en yardıma muhtaç, en çaresiz insan yavrularıdır bebekler... Fakat buna karşılık en iyi beslenen, en iyi bakılan ve bir dediği iki edilmeyenler de yine onlardır. Bebek geldiğinde evin düzeni değişir. Yatma kalkma saatleri ona göre ayarlanır. Yemek saatleri eskisi gibi değildir. Hatta hayat bile eskisi gibi değildir artık.

Bebek dünyaya geldiği andan itibaren süt çeşmesi onun için akmaya başlar annesinden. Peki bebeklerin hayatı değiştirebilme gücü nereden gelir?

Âcizliklerinden, esnekliklerinden ve teslimiyetlerinden.

Esnek olanlar, zayıf gibi görünürler ama güçlüdürler. Zayıf kuvvetliyi alt eder, yumuşaklık sertliği yener. Bütün canlılar doğdukları zaman zayıf, esnek ve yumuşaktır, ölüme yaklaştıklarında sert ve katı olurlar. Sertlik ve katılık ölümle, yumuşaklık, esneklik ve incelik yaşamla yoldaştır. En sert fırtınalarda kocaman ağaçlar devrilir ama incecik fidanlara hiçbir şey olmaz.

Bebeklerden öğreneceğimiz çok şey var. Bir şeyin nasıl öğrenileceği konusunda en iyi öğretmenler bebeklerdir. Örneğin yürümeyi öğrenme aşamalarını düşün. Kalkmaya çalışır düşer, tekrar dener tekrar düşer, yine de denemeye devam eder. Vazgeçmez. Başarısızlık, onu bir kez daha denemekten alıkoyamaz.

Azmi, sabrı ve vazgeçmemeyi bize ne kadar da güzel öğretirler değil mi? Farkında olarak ya da olmadan doğal olarak tevekkül halindedirler. Akışa teslim olurlar. Akışa teslim olmanın nasıl bir şey olduğunu öğretirler.

Göreceksin ki bu kitapta uyguladığın her çalışma senin tevekkül kabiliyetini daha da güçlendirecek.

Altıncı Nefis Mertebesi

Başpare ve Destar

Kamışlıktan koparılan ney, kabuklarından kurtulup, sabır aşamasını geçer, doğrultulur, içi delinir hiç olur, delikleri açılır ve artık altıncı aşamada bir mürşit sikkesi ve destarı takar, yani başpareyle ödüllendirilir.

Neyin başparesi, semazenlerin sema ederken giydikleri başlığa, sikkeye benzetilir. Hemen başparenin altındaki parazvane de, semazenlerin hocasının başına sardığı destara benzetilir. Yani mürşide.

Kamışın ney olduğu ilk yer burasıdır.

Başpare neyden pürüzsüz sesler çıkmasını sağlar.

Altıncı nefis mertebesindeki kişi, konuşmasıyla, duruşuyla, sesiyle insanların kalbine hitap eder. Artık her sözü her düşüncesi gerçeğe dönüşür. Çok yüksek bir çekim gücü vardır.

İçindeki bütün cevherler ortaya çıkmaya başlar.

Yunus Emre'nin hikâyesi

Yunus Emre, Taptuk Emre dergâhındayken şeyhi tarafından verilen bir emaneti yerine ulaştırmak için yola çıkar. Yolda iki dervişle daha karşılaşır. Bu dervişlerle yol arkadaşlığı eder. Havadan sudan konuşurlar.

Bir zaman sonra acıkırlar ve iki derviş bir ağacın gölgesine oturur. Yunus Emre de yanlarına gidip çöker. Çıkınındaki azığı çıkarırken dervişlerden biri elini açıp dua etmeye başlar ve gökten bir sofra iner. Yunus Emre şaşkındır, gözleri fal taşı gibi açılır.

Bu şaşkınlık içinde yemeklerini yiyip karınlarını doyururlar. Tekrar yola devam ederler. Yol boyunca sohbetler devam eder, saatler geçer gider, gün döner.

Akşam hava kararmak üzereyken tekrar dinlenmek üzere yolda uygun bir yerde dururlar. Bu defa ikinci derviş ellerini açıp dua etmeye başlar.

Duanın ardından gökten yine bir sofra iner. Yunus Emre yine şaşkınlık içinde yemeğini yer. Bu defa içine vesvese de düşer. "Bu zat-ı muhteremler evliya olsa gerek, keramet gösteriyorlar" der. "Ya benden de dua edip gökten sofra indirmemi isterlerse ne yaparım?"

Karınlarını doyurduktan sonra biraz uyurlar, sonra yine düşerler yola. Öğlene kadar yürüyünce tekrar acıkırlar ve yine bir ağacın gölgesinde otururlar.

Dervişlerden biri Yunus Emre'ye "Hadi bakalım derviş..." der. "Dua et de sofshould insin karnımızı doyuralım."

Yunus Emre korku ve panik içinde ne yapacağını bilemez. Ellerini açıp dua eder.

"Ya Rabbim. Sen bu Yunus kulunu mahcup eyleme. Gökten sofra indirmek kim, ben kim? Bu zat-ı muhteremler neye dua ettilerse ben de sana onun için dua ediyorum. Dualarının kabulüne mazhar olan şey için benim de duamı kabul eyle."

Gökten bir sofra iner ki zengin mi zengin. Üzerinde yok yok... Tabiri caizse Yunus için inen sofranın yanında diğer iki dervişin sofraları atıştırmalık gibi kalır.

Diğer iki derviş bu muazzam sofrayı görünce şaşırırlar ve merak ederler. "Ne diye dua ettin de bu sofra indi?" diye sorarlar.

Yunus "Ben kim sofra indirmek kim? Ellerimi açıp Rabb'ime yalvardım. Ya Rabbim bu zatların duasının kabulüne mazhar olan şey için duamı kabul eyle dedim" der.

İki derviş daha da heyecanlanarak, biz Taptuk Emre Dergâhı'ndaki evliya zat Yunus Emre Hazretleri'nin yüzü suyu hürmetine dua ettik. Hep onun hürmetine dua ederiz ve Rabbimiz kabul eder" dediler.

Yunus Emre'nin gözlerinden yaşlar süzülür. Ellerini açıp "Ey Rabbim sana şükürler olsun. Senin aşkından makamımı göremedim. Makamımı gizleyip nefsimin elinden beni korudun, hamt olsun" der.

Bu mertebede kişi koşulsuz bir teslimiyet içindedir. İlham kapısı açılır ona. Bilgiyi ilhamla alır.

"Unuttuğunda cahil olacağı için, kitaplardan bazı şeyler ezberleyen kimselere âlim denmez. Hakiki âlim, öğrenmeden ve ezberlemeden, dilediği anda Hak'tan ilim alabilen kimsedir."

– Beyazid-i Bestami

İşte bu mertebede bilgi, ilhamla ulaşır.

Bu mertebeye ulaşan kişi tasavvuftaki ilk dört kapıdan geçmiş olur ki, sonuncusu zaten fenafillahtır, bekabillahtır.

Dört kapı hikâyesi

Hazreti Mevlana, şeriat, tarikat, marifet ve hakikat arasındaki farkı soran bir öğrencisine "Karşı medresede rahlelerine eğilmiş ders çalışan dört kişi var. Sen git bunların hepsinin ensesine bir şamar at sonra gel sana anlatayım" diye buyurur.

Öğrenci gider, birincinin ensesine bir tokat vurur. Tokadı yiyen derhal ayağa kalkıp döner ve daha kuvvetli bir tokatla Hazreti Mevlana'nın öğrencisini yere yıkar. Bu kez ikincisine biraz korkarak tokat atar. O da derhal ayağa kalkar ve elini kaldırır. Ancak tam tokadı atacakken vazgeçip yerine oturur. Üçüncü öğrenci tokadı yiyince, şöyle bir kafasını çevirip baktıktan sonra çalışmasına devam eder. Dördüncü ise, tokadı yemesine rağmen hiç oralı bile olmaz.

Bunun üzerine öğrenci durumu Mevlana Hazretleri'ne anlatır. Mevlana Hazretleri şöyle buyurur: "İlk öğrenci şeriat kapısını geçememiş biriydi. Şeriatta kısasa kısas olduğu için, tokadı yiyince kalktı, aynısını sana iade etti. İkincisi, tarikat kapısındadır. Tokadı yiyince tam iade edecekti ki, tarikat öğretisinde verdiği söz aklına geldi. Sana kötülük yapana bile iyilik yap düşüncesiyle kalkıp elini kaldırdı ama sonrasında oturdu. Üçüncüsü marifet kapısına kadar gelmişti. İyinin ve kötünün Yaradan'dan geldiğini bildiği için, Yaradan bu kötülüğe hangi iblisi alet etti diye merakından şöyle bir dönüp baktı. Dördüncü, hakikat kapısını geçmiştir. *İyinin ve kötünün tek sahibi olduğunu ve aynı olduğunu bildiği için*, dönüp bakmadı bile..."

Yedinci Nefis Mertebesi

Kemale Eren Kamış

Kamış artık kemale ermiş ve ney olmuştur. Yaradan'ın "Hu!" sesiyle vücut bulmuştur.

Mevlana bu mertebe için "Biz ney gibiyiz, bizdeki ses ve güzel nağmeler senden. Biz dağ gibiyiz, bizdeki seda senden" der.

Bu mertebedeki aşkı öyle güzel anlatır ki, biz de kulak verelim:

"Aşk geldi, derimin,
damarlarımın içinde akan kan oldu.
Beni, benden boşaltarak dost ile doldurdu.
Vücudumun her tarafını,
bütün zerrelerini dost kapladı.
Benden, bana ancak ad kaldı ve
artakalan hep O oldu."

Ne muhteşem bir ifade değil mi?

Her ne kadar bu mısraları yazmış olsa da, kendisine aşk nedir diye soranlara, "Ben ol ki bilesin" derdi. Çünkü bu mertebe izah edilemez, sadece idrak edilebilir.

Hallacı Mansur öldürüleceğini bilmesine rağmen "Enel Hak" demişti. Yani, "Ben Hakk'ım."

Bunu söylediğinde de öldürüldü. Ne var ki onda artık yaşam ve ölüm ayrımı yoktu.

Yedinci mertebe, Beyazid-i Bestami'nin "Fenafillah, bekabillah" dediği makamdır.

Bir gün Beyazid-i Bestami'nin kapısı çalındı. Beyazid kapıyı açtı ve gördüğü adama "Kimi arıyorsun?" diye sordu. Adam da "Beyazid'i" dedi.

Beyazid-i Bestami de "Yoluna devam et, çünkü içeride Allah'tan başkası yoktur" diye cevap verdi.

Bu makam üzerine anlatılacak pek bir şey yoktur çünkü bu makama erenler bunu yazmamışlar, yazmak istememişler. Çünkü *kelimeler bir yerde biter, tükenir. Anlatamaz hisleri. O yüzden susulur. Sadece hissedilir. Sadece yaşanır.*

SON SÖZ

Ortak gayeyle çıktığımız ney olma yolculuğunda inşallah hepimiz bir gün ilahi nefesle buluşur, son mertebeye ulaşırız.

Yolculuğumuzun bu durağında seninle karşılaşmış olmaktan dolayı çok memnunum. Kalbindeki güzellik sayesinde inanıyorum ki daha pek çok kez karşılaşacağız hayatlarımız boyunca. Kalbi güzel insanlar birbirlerini bulurlar, çünkü herkes kendinde olanı çağırır hayatına.

Şimdilik vedalaşıyoruz ki bu bir ayrılık değil, biz zaten aynı bütünün farklı birer yansımalarıyız sadece. Yeniden yollarımızın kesişeceği o güne kadar şunu aklından ve kalbinden bir an olsun çıkarma:

Kalbi temiz olanın hikâyesi mutla sonla biter.

Bazen kötüymüş gibi görünen şeyler yaşasa da, kendini tükenmiş hissetse de, sevdiklerinden zarar görse de o mutlu son muhakkaktır.

Mevsimler geçer, gölge veren ağaçların dalları kurur, sabır taşar, canından bile sevdiğin o yâr bir gün gelir sana el olur, aklın şaşar. Olmaz dediğin ne varsa hepsi olur. Düşmem dersin düşersin, şaşmam dersin şaşarsın, hatta bazen öldüm dersin ama yine de yaşarsın. Buna rağmen yine de kimseye kötülük yapamazsın çünkü sen Yaradan'ın farkındasın. Bu yüzden yaratılanı olduğu gibi kabul edersin.

Unutma!

Kalbin temizse hikâyen güzel biter.

Şu dünya sahnesinde kaybolmuş insanlardan seni ayıran en değerli güzelliğin nedir bilir misin?

Sen geceleri başını yastığa koyduğunda vicdanın rahat uyursun ve bu sahip olduğun en büyük zenginliğindir.

EK BÖLÜM

HASTALIKLARIN ZİHİNSEL NEDENLERİ

İlaçlar her zaman şart değildir ama inanç her zaman şarttır.

Norman Cousins

Güney Afrika'da yaşadığım dönemde, o bölgenin şifacılarıyla görüşmeler yaptım.

Güney Afrika, beden, zihin ve ruh sağlığını bütün olarak gören ve kadim bilgileri terk etmeden iyileşmenin yollarını arayan şifacılar açısından zengin bir ülkedir.

Şifacılık o kadar yaygındır ki, örneğin herhangi bir gazeteyi açtığınızda şifacılarla ilgili birkaç sayfa ilan görebilirsiniz.

Ben de ülkenin ünlü şifacılarından biriyle tanışma fırsatı buldum ve kendisiyle uzun zamana yayılan görüşmeler yaptım.

Şifacının elinde kaynak olarak kullandığı, yüzyıllar öncesinden kalma bir sağlık kitabı vardı. Bu kitap bitkilerle tedavinin yanı sıra hastalıkların zihinsel nedenleri hakkında da önemli bilgiler içeriyordu.

Görüşmelerimiz boyunca sayısız notlar aldım. Hatta şifacıya Afrika'da hiç görülmediği halde başka ülkelerde karşılaşılan hastalıklardan söz edip bunların sebepleri üzerinde de araştırmalar yapmasını sağladım.

Yaklaşık iki yıllık bir çalışmanın sonucunda elde ettiğim bilgileri şimdi seninle de paylaşmak istiyorum.

Buradaki notlar, hastalıkların tedavisine ve teşhisine yönelik bilgiler içermez. Yüzlerce yıllık şifacılık geleneğinde, hastalıkların zihinsel nedenlerine ışık tutan bilgilerin paylaşımı olarak kabul etmeni istediğim bu notları, bakış açında yeni bir pencere açmak üzere okumanı öneririm.

Her türlü rahatsızlığında mutlaka doktoruna danışmak zorunda olduğunu unutma.

Tarih sahnesinde insanlar tıbbi tedavilere henüz ulaşamazken, hastalıklara yol açan sebeplere tedaviden daha fazla odaklanmışlar, hastalıklara yol açan faktörleri keşfetmişler ve kayıt altına almışlar.

Bu bölüm, kadim bilginin paylaşılmasına yöneliktir. Tedavi ve teşhis içermemektedir.

Âdet Öncesi Gerginlik Sendromu ve Âdet Problemleri

Ani duygu iniş çıkışları, güvensizlik, değersizlik inancı, güvende hissedememe, geçmişin yükleri, travmalar, fazla olumsuzluklar yaşamak.

Adrenal Sorunları

Kendini umursamama, ciddiye almama, barışık olmama.

Ağrılar

Sevgi eksikliği, onaylanmama korkusu, dışlanmışlık hissetmek, ilerlemekten korkmak, hayat amacını bulamamak, korku, sevildiğini hissedememek, olumsuz düşünceler, yalnızlık korkusu, reddedilme korkusu.

Akciğer Sorunları

Mutsuzluk, değersizlik duygusu, pişmanlık.

Alerjiler

Kendine güvensizlik, huzursuzluk, sevildiğini hissedememe, yalnızlık korkusu.

Alkolizm

Sevgi, güven eksikliği, kendini muhtaç hissetme, atlatılamamış travmalar, olumsuz duygular.

Anjin (Bademcik iltihaplanması)

Yanlış anlaşılmaktan korkmak, alay edilme kaygısı.

Anoreksi (İştahsızlık)

Kendinden şüphe etmek, hayatta istediğini bulamamak, kendini kabul etmemek, sorunlardan kaçmak.

Apandisit

Başarısız olma korkusu, pozitif düşünememe, endişe, birikmiş olumsuz duygular, geçmiş travmalar.

Araba Tutması

Aşırı kontrolcülük, kontrolün başkasında olmasına katlanamama, mükemmeliyetçilik, her şeyi tek başına yapmaya çalışmak.

Astım

Baskı altında hissetmek, özgürlüğün kısıtlandığını hissetmek, kontrolün başkasında olması.

Astım Krizi

Endişe, geleceğe dair şüphe, geçmişte atlatılamamış duygular, duygusal negatif birikim.

Aşırı Şişmanlık

Korunma ihtiyacı, eksiklik duygusu, duygusal bağımlılık, başarı korkusu, duygusal birikmişlik, negatif duyguları atamamak.

Aşırı Ter Kokusu

Aşırı korku, kendini sevmeme, bedeniyle barışık olmama, bedenini beğenmeme, yeterince sevilmemiş olmak.

Ateş

Aşırı öfke, kızgınlık, negatif olaylardan kolay etkilenme.

Ayak Bilekleri

Harekete geçememe, başarısızlık korkusu, çok düşünmek.

Ayak Sorunları

Duygusal değişim, yol almaktan korkma, bir işi devam ettirememe, işleri yarıda bırakma, hayat amacını bulamama, korku, olumsuz düşünceler, yalnızlık korkusu, reddedilme korkusu.

Bacak Sorunları

Hareketten ve değişimden korkma, kendini yeni olasılıklara kapatma, geçmişin yükünü taşıma, aşırı sorumluluk, aşırı fedakârlık.

Bademcikler

Bastırılmış duyguların ve endişelerin gün yüzüne çıkması, içe atma, ifade edememe, bilinçaltındaki negatif düşünceler.

Bağışıklık Sistemi Sorunları

Direnememe, öfke, hayır diyememe, sosyal fobi, aşırı fedakârlık, genel kaygı hali, güvensizlik, anı yaşayamama.

Bağımlılıklar

Kendini önemsememe, korkularını büyütme, kendini değersiz görme, hayata karşı bir motivasyon kaybı, kaybı atlatamama.

Bağırsak Problemleri

Çaresizlik duygusu, aşırı alınganlık, insanların negatif enerjilerinden etkilenme, kendini ifade edememe, hayır diyememe.

Baş Ağrıları

Çelişkide kalma, aşırı stres, karar vermede sorunlar, yaşanan problemleri erteleme, işleri yarım bırakma, istekleri erteleme, fazla sorumluluk alma.

Baş Dönmesi

Kendinden kaçma, hayattan korkma, hayatın kontrolünü ele alamama düşüncesi, geçmişteki olumsuz duygu birikimleri, yeterince sevgi görememek, yeterince desteklenmemek.

Bayılmak

Kendinden ve sorunlardan kaçma, sorunların birikmesi, fazla sorumluluk almak.

Bel Sorunları

Aşırı sorumluluk alma, yeteri kadar dinlenmeme, birçok sorumluluğun üstesinden tek başına gelmeye çalışmak, mükemmeliyetçilik.

Beyin Felci

Yaşanmışlıkları kaldıramama, fazla stres, birçok işi tek başına yapmaya çalışıp fazla iş yükü alma ve fazla sorumluluk alma, destekleyici ve pozitif çevreye sahip olmama.

Boğaz Ağrısı

İçine atma, konuşmaktan korkma, kendini ifade etmeme, yüzleşmekten kaçınma, sorunları erteleme, başlanılan bir işin devamını getirememe.

Boğazda Yumru

Hayattan keyif alamama, motivasyon kaybı, birikmiş negatif duygular, hayır deme problemi, istediği işi yapamama, kendine vakit ayıramama.

Boyun Sorunları

Dinlenmek için vakit ayırmama, vücudun fazla stres biriktirmesi, hızlı yaşamak ya da aşırı monoton bir yaşam düzeni, sevdiği işi yapamama, keyifsizlik.

Boyun Tutulması

Zorlama, hırs, aşırı inatçılık, fazla sorumluluk alma, birçok kişinin yapacağı işi tek başına üstlenme, geçmişten gelen ve atılamamış negatif duygular.

Böbrek Sorunları

Hayal kırıklıkları, başarısızlıklar, yeteri kadar sevilmeme, sahiplenilmeme, aşırı stres, hayır diyememe.

Böbreküstü Sorunları

Kendinle barışık olmama, suçluluk duygusu, hayal kırıklıkları, duygusal baskılar.

Böbrek Taşı

Geçmişte yaşanmış olumsuz duyguların birikmesi, negatif enerjilerden çabuk etkilenme, para ve bollukla ilgili sorunlar, çok fazla iş yüklenme, dinlenmeye yeterince vakit ayırmama, bedenden uzaklaşma.

Bronşit

İnişli çıkışlı bir yaşam, yeterince sevgi görmemek, kendini değersiz hissetme, acılardan kaçma, yüzleşme korkusu.

Burun Akması

Bastırılmış duygular, kendini yeterince ifade edememe, hayır diyememe, geçmişten getirilen suçluluk duygusu, inişli çıkışlı bir hayat.

Çene Sorunları

Öfke kontrolü, bastırılmış duygular, duyguları ifade edememe, kin ve suçluluk duygusu.

Çürükler

Dikkatsizlik, aceleci davranma, plansızlık, erteleme, başlanılan bir işi devam ettirememe, kendi değerinin farkında olmama ve korkular.

Denge Kaybı

Sürekli geçmişte yaşamak, başkalarıyla mesafeli olmak, sınırlar çizme, hayır diyememe, pişmanlık, fazla stres, fazla sorumluluk.

Deniz Tutması

Aşırı kontrolcülük, duygusal iniş çıkışlar, dengede olmadığını düşünmek, geçmişte yaşanan olumsuz ilişkiler, ailevi problemler.

Depresyon

Güçlü görünme isteği, fazla kontrolcülük, yapabileceğinden daha fazla iş yüklenme, mükemmeliyetçilik, hayal kırıklıkları, güven kayıpları, geleceğe karşı korku, hayattan beklentisizlik, motivasyon kaybı.

Disk Kayması

Yalnızlık korkusu, sosyalleşememe, hayata karşı yalnız hissetme, fazla sorumluluk alma, kontrolsüzlük.

Dişeti Kanamaları

Gelecek endişesi, mükemmeliyetçilik, başlanılan işi devam ettirememe.

Dişeti Sorunları

Başarı korkusu, plansızlık, boş vermişlik, tembellik, hayattan keyif alamama, sürekli erteleme.

Diyabet

Travmalar, birikmiş olumsuz duygular, aşırı sorumluluk alma, kontrolcülük, tahammülsüzlük, öfke, yılgınlık.

Dudaktaki Uçuklar

Ani korkular, endişe ve kişisel sorunlar.

Eklem İltihabı

Monoton bir hayat, yeniliklere kapalı olmak, sürekli aynı şeyleri yapmak, gelişememek, hayatın rutinleşmesi, sıkıcılık.

Egzama

Duygusal baskılar, ailevi problemler, öfke, kendine çok yüklenmek, otorite problemleri.

Enfeksiyon

Hızlı bir hayat yaşamak, düzenin bozulması, karmaşa, fazla sorumluluk, çok çalışmak, çok düşünmek.

Erken Yaşta Saçların Ağarması

Fazla sorumluluk alma, zorlayıcı hayat, stres, kendine aşırı yüklenme, olumsuz bilinçaltı inançları.

Fıtık

Travmaları atlatamamak, fazla sorumluluk almak, başkalarının beklentilerini karşılamaya çalışmak, suçluluk duygusu.

Gastrit (Beslenme tarzından oluşan mide rahatsızlığı)

Yaşananları hazmedememe, kırgınlıklar, fazla üstüne gelinmesi, sosyal baskı, kişisel beklentilerin yüksek olması.

Gaz Sancıları

Fazla düşünmek, hızlı hayat, geçmişten gelen olumsuz duyguların devam etmesi, uykusuzluk.

Göğüs Sorunları

Aşırı fedakârlık, başkalarına karşı aşırı duyarlı olma, alınganlık, fazla sorumluluk alma, sevdikleri tarafından yeterince değer görememe.

Göz Kuruluğu

Aşırı düşünme, fazla plan kurma, aşırı stres, mükemmeliyetçilik, detaycılık.

Göz Sorunları

Gerçeklerle yüzleşmek istememe, erteleme, detaycılık, sürekli görmek istemediği kişileri ve olayları görmek zorunda olmak, geleceğe hazır olamamak, geçmişe takılıp kalmak.

Grip

Negatif insanlardan kolay etkilenmek, alınganlık, sosyal baskı, otorite problemleri, fazla sorumluluk almak, aşırı stres.

Guatr

Hayır diyememe, fikirlerini rahatça ifade edememe, sorunları içine atma, hayal kırıklıkları.

Gut Hastalığı

Bir yakının kaybı, acelecilik, kendine yeterince özen göstermemek, çok düşünmek.

Hazımsızlık

Yaşanan olayları hazmedememe, kızgınlık, öfke, geleceğe güvenle bakamama, hayattan tat alamama.

Hemoroit (Basur)

Geçmişe öfke, anne ya da babaya karşı kızgınlık, kendini kontrol etmeye çalışmak, aşırı stres.

Hipertiroit (Tiroit bezlerinin fazla çalışması)

Hızlı bir hayat, düşünceleri durduramamak, şimdide yaşamak, yalnız kalamamak, terk edilme korkusu, kendinden uzaklaşmak.

Hipoglisemi (Düşük kan şekeri)

Duygusal iniş çıkışlar, düzen oturtamamak, kaotik bir yaşam, belirsizlik, geleceğe endişeyle bakmak, geçmişten kalan kırgınlıklar.

İdrar Yolu Enfeksiyonları (Sistit)

Bir hatayı bilerek tekrar etmeye devam etmek, yenilikten kaçmak, başlanılan bir işi devam ettirememek, geçmişe aşırı bağlı olmak.

İdrar Yolu İltihabı

Aşırı kızgınlık, bıkkınlık, kendine çok yüklenmek, insanlardan uzaklaşma isteği, tahammül düşüklüğü, yorgunluk.

İktidarsızlık

Cinsel baskı, inançlar, suçluluk, güvensizlik, geçmişe kızgınlık, içekapanıklık, asosyallik, ifade edilemeyen istekler.

İnme

Koşullardan memnun olamamak, aşırı stres, kontrolde olma çabası, kontrolü kaybetme hissi, saygı hassasiyeti.

İshal

Sorunları içe atmak, kalp kırmamak için her zaman alttan almak, aşırı stres, hayatın belirsizliklerle dolu olması, hayat içindeki karmaşa, kontrol kaybı.

İştahsızlık

Korunma ihtiyacı, güvensizlik, sevgiye açlık, dışlanmışlık, beğenilme kaygısı, kendini sevmemek, karşılıksız aşk.

Kabarcık ve Sivilce

Aşırı öfke, stres, çok düşünmek, karara varamama, tahmin edilemez sonuçlarla yüzleşme korkusu, otorite baskısı.

Kabızlık

Değişime direnme, geçmişe bağlılık, aile sorunları, sevgi eksikliği, çocukluk travmaları, kendini affedememek.

Kalp Krizi

İşkoliklik, her şeyi tek başına yapmaya çalışma, stres, ruh yorgunluğu, çözüm bulmakta zorlanma, yakın çevreyle yaşanan sorunlar.

Kamburluk

Yalnız ve güçsüz hissetme, anlaşılamama, çekingenlik, içe atılan sorunlar, yalnızlık kaygısı, değişimden kaçma, düşüncelere aşırı bağlılık.

Kan Sorunları

Mutsuzluk, baskıcı bir yaşam, aile baskısı, sosyalleşme sorunları, girişken olamama, fazla plan yapıp harekete geçememe, reddedilme korkusu, dışlanma korkusu.

Karın Ağrıları

Bkz. Mide Ağrıları

Kas Bozukluğu

Büyümekten ve ilerlemekten korkma, geçmişe aşırı bağlılık, gelecek kaygısı, sonuçları aşırı düşünme.

Kaşıntı

Hırslı olma, doyumsuzluk, kafaya takmak, başkalarıyla kendini kıyaslamak, kendi değerinin farkında olamamak, acelecilik.

Kekemelik

Ağlamaya izin verilmemesi, korkular, bastırılmış duygu, aile baskısı, gerginlik, güvensizlik, travmalar, çaresizlik.

Kellik

Aşırı stres, kontrolcülük, gerginlik, güvensizlik, sosyal baskı, aile baskısı, fazla sorumluluk, olumsuz düşünceler.

Kemik Erimesi (Osteoporoz)

Kesinlik duygusunun karşılanmaması, destekleyici bir çevrenin olmaması, sevilmediğini hissetme, olumsuz düşünceler, kendiyle barışık olmamak, fazla beklenti, alınganlık.

Kemik İliği İltihabı

Öfke, bıkkınlık, yetersizlik duygusu, kendiyle barışık olmamak, ruh yorgunluğu, aşırı yük, fazla beklenti.

Kemik Sorunları

Desteksiz hissetme, duygusal çöküntüler, çaresizlik, olumsuz düşünceler, sevildiğini hissedememe, ruh yorgunluğu.

Kemik Hastalığı-İltihabı: (Osteiomiyelit)

Yalnızlık, değersizlik duygusu, çaresizlik, sevildiğini hissedememe, alınganlık, suçluluk.

Kızarıklık

Acelecilik, dikkat çekme çabası, gerginlik, çaresizlik, değersizlik, bastırılmış duygu, sorunları içine atmak.

Kistler

Acıları besleme, acı çekmeyi sevme, travmalar, istikrarsızlık, hayal kırıklığı, gerçeklerle yüzleşememe, yetersizlik hissi.

Kolit

Çaresiz hissetme, duygusal dengesizlik, korku, aşırı fedakârlık, yalnızlık korkusu, fazla beklenti.

Kolon

Geçmişe duyulan özlem, olumsuz düşünceler, fazla beklenti, anı yaşayamama, yılgınlık, değişime direnme, belirsizlik.

Kalbe Giden Damarlarda Pıhtı Oluşumu

Değersizlik hissi, korku, duygusal dengesizlik, gelecek kaygısı, anı yaşayamama, belirsizlik korkusu, fazla birikmiş negatif duygular, yorgunluk, duygusal yorgunluk.

Kulak Ağrısı

Duyulacak konulardan korkmak, kendiyle barışık olmamak, alınganlık, gelecek kaygısı, olumsuz düşünceler, fazla kontrolcülük.

Kulak Çınlaması

İçsesini dinlemek istememek, yılların olumsuz birikimi, inatçılık, kontrolcülük, korku, gerginlik, bastırılmış duygular, gerçeklerle yüzleşememek.

Kurdeşen

Sıkıntılı ruh hali, gizli korkular, olumsuz düşünceler, bastırılmış duygular, suçluluk, belirsizlik, yalnızlık korkusu, gerçekle yüzleşememe.

Kusmak

Endişelerden kurtulma isteği, acelecilik, kontrolcülük, değişime direnme, hayat amacını bulamama, yoğun duygusal yükler.

Kuvvetli İştah

Güven ihtiyacı, kendinden nefret etme, duygusal iniş çıkışlar, yalnızlık, yalnızlık korkusu, sosyalleşme problemleri.

Lenf Sorunları

Zihinsel çatışmalar, içsel kavgalar, duygusal dengesizlik, bastırılmış duygu, ruh yorgunluğu, yetersizlik.

Mantar

Hırs, öfke, gerçekleşmeyecek hayaller kurma ve sonrasında yaşanan başarısızlık hissini atlatamama, aşırı kontrolcülük.

Mide Ağrıları

Üzüntüleri hatırlama, üzülme, duygusal dengesizlik, alınganlık, ruh yorgunluğu, travmalar, geçmişi aşırı düşünme.

Mide Bulantısı

Korkmak, fikirleri kabul edememek, kontrolcülük, mükemmeliyetçilik, başarı korkusu, yalnızlık korkusu, reddedilme.

Mide Ekşimesi

Üzülmek, korkmak, hayal kırıklıkları, güvensizlik, gerginlik, sosyal fobi, fazla beklenti, gerçeklerle yüzleşmek istememe.

Mide Sorunları

Olumsuz düşünceler, heyecan, gerginlik, fazla beklenti, aşırı yük, işkoliklik, başarısızlık korkusu, otorite problemleri.

Migren

Kararsızlık, belirsizlik, mükemmeliyetçilik, köşeye sıkışmış hissetmek, geleceğe olumsuz bakmak, kendiyle barışık olmamak, bastırılmış duygu, gerginlik, sosyal ve ailevi baskı.

Miyopluk

Geleceğe dair olumsuz düşünceler, kaçınma, duygusal dengesizlik, yılgınlık, belirsizlik, fazla beklenti.

Narkolepsi (Gündüz aşırı uyku eğilimi)

İçekapanıklık, kaçınma isteği, kendiyle barışık olmama, güvensizlik, aile baskısı, istikrarsızlık.

Nasır Sorunları

Katılaşmış düşünceler, direnme isteği, değişime direnme, kontrolcülük, gerçeklerle yüzleşememe, tahammülsüzlük.

Nefrit (Böbrek yangısı)

Hayal kırıklığı, başarısızlık düşüncesi, olumsuz düşünceler, kıyaslama, fazla beklenti, acelecilik.

Nevralji (Sinirler üzerinde hissedilen batıcı ağrı)

İletişim sorunları, yetersizlik, gerginlik, kendiyle barışık olmama, bastırılmış duygular, güvensizlik.

Nodüller

Küçük düşme korkusu, kızgınlık, tembellik, affedememe, travmalar, yetersizlik, alınganlık, kendiyle barışık olamamak.

Nöbet Tarzında Gelen Ağrılar

Huzursuzluk, endişe, hayal kırıklığı, çaresizlik, yetersizlik, hayat amacını bulamama, hayır diyememe.

Omurilik Menenjiti

Aşırı öfke, kızgınlık, acelecilik, affedememe, kontrolcülük, başarı korkusu, fazla beklenti.

Ödem

Vazgeçememe düşüncesi, aşırı fedakârlık, değişime direnme, gerçeklerle yüzleşememe, doyumsuzluk.

Öksürükler

Konuşma isteği, yetersizlik, değersizlik, yalnızlık korkusu, sosyal fobi, çaresizlik, kendini affedememe.

Pamukçuk

Kızgınlık, pişmanlık, gerginlik, değersizlik, affedememe, acelecilik, suçluluk, güvensizlik.

Pankreas İltihabı

Hayattan tat alamama, öfke, anı yaşayamama, kendiyle barışık olmama, fazla beklenti, hayal kırıklığı.

Parazit

Başkalarına aşırı güvenmek, başkalarının kontrolünde olmak, yetersizlik, aşırı fedakârlık, çaresizlik, tembellik.

Parkinson Hastalığı

Aşırı kontrolcülük, hırs, aşırı yük, acelecilik, işkoliklik, doyumsuzluk, olumsuz düşünceler, belirsizlik.

Peptik Ülser (Mide iç zarında gelişen yara)

Başkaları için yaşamak, ikinci planda kalmak, kendiyle barışık olmamak, yetersizlik, yılgınlık, tembellik.

Sedef Hastalığı

Zarar görme düşüncesi, kontrolcülük, güvensizlik, gerginlik, korku, erteleme.

Prostat

Zihinsel korku, cinsel suçluluk, değersizlik, yetersizlik, korku, alınganlık, gerginlik, yalnızlık korkusu.

Raşitizm (Çocuklarda kemik erimesi)

Duygusal istekler, güven yoksunluğu, olumsuz düşünceler, yetersizlik, hayal kırıklığı.

Romatizma

Alınganlık, sevgisizlik hissi, değersizlik, olumsuz düşünceler, hayal kırıklığı, güvensizlik.

Safra Taşı

Katılaşmış düşünceler, üstünlük duygusu, değişime direnme, kontrolcülük, fazla sorumluluk, gerçeklerle yüzleşememek.

Sağırlık

Erteleme, güvensizlik, kıyaslama, sosyal fobi, değişime direnme, önyargı, maneviyatı reddetme.

Saman Nezlesi

Duygusal çöküş, zamana karşı direnme, değişime direnme, duygusal dengesizlik, olumsuz düşünceler, hayal kırıklıkları, bastırılmış duygular.

Sarılık

Önyargılar, tutarsızlık, sosyal fobi, belirsizlik, kıyaslama, fazla beklenti, güvensizlik, anı yaşayamamak.

Selülit

Bastırılmış öfke, suçluluk, bastırılmış duygular, kendiyle barışık olmamak, çaresizlik, ruh yorgunluğu.

Sırt Sorunları

Aşırı yorgunluk, ekonomik sorunlar, olumsuz düşünceler, aşırı yük, işkoliklik, acelecilik, fazla sorumluluk.

Sinir Krizi

Bastırılmış duygular, geçmiş travmalar, affedememe, duygusal ani iniş çıkışlar, işkoliklik, aşırı stres.

Sivilce

Başkalarının düşüncelerini önemsemek, negatif enerjilerden çabuk etkilenmek, hayır diyememek, kaybetme korkusu, kontrolcülük, mükemmeliyetçilik.

Spazm (Kas sıkışması)

İfade problemleri, hayır diyememe, sosyal fobi, önemsenme ihtiyacının karşılanmaması, değişime direnme, değişimden korkma.

Spazmlı Kolit (Kalınbağırsak iltihabı)

Değersizlik, güvensizlik, yetersizlik, reddedilme korkusu, kendini soyutlama, erteleme.

Şişmanlık

Duygusal tatminsizlikler, bedeniyle barışık olmama, aşırı stres, bastırılmış duygular, erteleme, belirsizlikler, yalnızlık korkusu, sevildiğini hissedememek.

Tırnak Yemek

Aşırı stres, geleceğe karşı belirsizlik, gerginlik, duygusal iniş çıkışlar, hayal kırıklıkları.

Tikler

Bastırılmış korkular, belirsizlikler, yeniliğe yeterince açık olmamak, içekapanıklık, özgüven problemleri.

Tiroit

Değersizlik, yetersizlik, yalnız kalma korkusu, terk edilme korkusu, kendiyle barışık olmamak, fazla hızlı bir hayat, anı yaşayamamak.

Tiroit Yetersizliği (Hipotiroit)

Zorlukla fazla karşılaşmak, fazla sorumluluk almak, fazla fedakârlık, bastırılmış duygular, hayır diyememek, kendini yeterince ifade edememek.

Tümörler

Hırs, hayır diyememek, güvensizlik, kontrolcülük, istikrarsızlık, anı yaşayamamak.

Uykusuzluk

Fazla sorumluluk almak, işkoliklik, değişime direnmek, ruh yorgunluğu, bastırılmış duygular, başlanılan işi sürekli erteleme, kendiyle barışık olmamak, hayat amacını bulamamak.

Uyuşma

Hayata karşı isteksizlik, keyifsizlik, belirsizlik, gelecek kaygısı, bastırılmış duygular.

Uyuz

Gerçeklerle yüzleşememek, korkular, olumsuz düşünceler, acelecilik, anı yaşayamamak, bastırılmış duygular.

Ülser

İşkoliklik, zihin yorgunluğu, belirsizlik, güvensizlik, sevildiğini hissedememek, ertelemek.

Vajina İltihabı

İçe atılmış olumsuz duygular, fazla beklenti içinde olmak, hayal kırıklığı, çaresizlik hissi, ani duysal iniş çıkışlar.

Varis

Kendini başkalarıyla kıyaslamak, işkoliklik, hırs, ruh yorgunluğu, belirsizlik, anı yaşayamamak.

Vitiligo (Pigment yetersizliği sonucu deride, dağınık ve yama şeklinde sınırları belli olan beyaz alanlar, lekeler)

Bir yere ait hissedememe, değişime direnme, yeniliklere kapalı olma, özgüven problemleri, sosyal dışlanmışlık.

Yaralar

Kendiyle barışık olmama, kontrolcülük, aşırı stres, güvensizlik, belirsizlik, telaşlılık.

Yatağı Islatma

Korkular, olumsuz düşünceler, sosyal baskı veya aile baskısı, içindeki düşünceleri ifade edememe, içe atmak.

Yorgunluk

Hayat amacını bulamamak, kendiyle barışık olmamak, duygusal dengesizlik, erteleme, anda kalamamak, genel güvensizlik hali.

Yüzdeki Sarkık Çizgiler

Hayata karşı isteksizlik, değersizlik, kendi bedeniyle barışık olmamak, gelecek kaygısı.

Zayıflık (İleri derecede)

Duygusal dengesizlik, bir hayat amacına sahip olmamak, isteksizlik, boş vermişlik, yılgınlık.

Okuyucu Notları: